Andreas Adelmann

Ab in die Ferien Kroatien

61x Urlaubsspaß für die ganze Familie

BRUCKMANN

Inhalt

ISTRIEN

Origineller Aussichtsturm

KVARNER BUCHT

Am berühmten Paradiesstrand

NORDDALMATIEN

Der Fährhafen von Zadar

Vorwort

Ein reiner Strandurlaub? Das war einmal! Heutzutage wollen kleine und große Urlauber in ihren Ferien etwas erleben, nicht nur faul in der Sonne herumliegen und Melanome züchten. Der Trend geht in Richtung Abenteuerurlaub. Doch was kann man abseits des Strandes unternehmen? Hier setzt dieser Familienerlebnisreiseführer an und stellt eine große Auswahl an Urlaubshits, Bekanntem und Unbekanntem, Leichtem und Anspruchsvollem im küstennahen Gebiet des nördlichen Kroatiens im Bereich der Regionen Istrien, Kvarner Bucht und Norddalmatien. Heutzutage sind Fahrzeuge standardmäßig mit Klimaanlage ausgestattet, daher stellt auch eine längere Anfahrtsstrecke zu den Ausflugszielen im Hochsommer in der Regel kein Problem mehr dar. Ob ein abendlicher Stadtbummel durch eine mediterrane Altstadt mit Besuch einer Eisdiele oder die Besichtigung geheimnisvoller Ruinen, Burgen, ungewöhnlicher Museen und Aquarien oder vielleicht doch eine zünftige Wanderung in einem Nationalpark, Naturpark, durch eine Schlucht oder entlang der Küste – die Qual der Wahl ist riesengroß. Darüber hinaus bietet die Auswahl informative Lehrpfade durch die unglaubliche Karstwildnis und in faszinierende Höhlenwelten. Schließlich entführt dieser Reiseführer noch in einige Themenparks, wie einen attraktiven Dinosaurierpark oder verschiedene Adrenalinparks, wo Mutige ihr Kletter- oder Fahrgeschick testen können. Zwei neue Aquaparks bei Novigrad und Poreč, nämlich Istralandia und Aquacolors, setzen auf Spaß abseits der Meeresküste. Ergänzt durch viele nützliche Tipps, ist dieses Buch ein hilfreicher Begleiter für Ausflüge und Unternehmungen. Es soll aber auch den Entdecker in Ihnen wachrufen und dazu anregen, Kroatien mit allen Sinnen zu erleben. Die Erfassung aller Sehenswürdigkeiten in diesem attraktiven und beliebten Urlaubsland hätte den Rahmen dieses Buches gesprengt. Die aufgenommenen Urlaubstipps wurden alle durch den Autor getestet und enthalten zahlreiche Hinweise, um auch Ihren Urlaub zu einem Hit zu machen.

Früh übt sich, wer ein Meister werden will. Paul (7 Jahre) in der Paklenica

Infos zu Land und Leuten

Kroatien ist ein ausgesprochen kinderfreundliches Land, das große Unterhaltung für kleine Urlauber bietet. Wie in jedem südlichen Land sollte besonders bei Kindern auf ausreichenden Schutz vor starker Sonneneinstrahlung geachtet werden. Außerdem sind feste Badeschuhe für die Fels- und Kiesstrände zweckmäßig.

Gastfreundlichkeit

Die Gastfreundlichkeit der meisten Kroaten ist beispielhaft. Oft wird der Gast vom Hausherrn zu einem Schnaps oder einem Gläschen Wein eingeladen, manchmal zu einer traditionellen Mehlspeise. Bei vielen Privatquartieren steht den Urlaubern sogar ein eigener Grill zur Verfügung. Manchmal ergibt sich auf Anfrage auch die Möglichkeit, dass der Gastgeber gegrillten Fisch zubereitet. Lassen Sie sich diese Chance nicht entgehen!

Beste Reisezeit

Die beste Reisezeit für Kroatien reicht von Mai bis September, für Wanderungen und Besichtigungen sind Mai, Juni und September ideal. Zum Baden eignen sich am besten die Monate zwischen Ende Juni und September.

An der Grenze

Seit 1.7.2013 ist Kroatien ein Mitgliedsland der EU. Deshalb gelten die Zollbestimmungen für EU-Länder. An der Grenze zu Kroatien gibt es weiterhin Personengrenzkontrollen, weil das Schengener Durchführungsübereinkommen noch nicht in Kraft gesetzt ist. Für den Grenzübertritt ist daher ein Reisedokument (Reisepass oder gültiger Personalausweis) notwendig. Der Reisepass darf bis zu fünf Jahre abgelaufen sein. Miteintragungen von Kindern im Reisepass sind seit dem Jahr 2012 nicht mehr gültig, daher müssen Kinder über ein eigenes Reisedokument verfügen. Haustiere benötigen bei der Einreise einen blauen EU-Haustierpass, einen Mikrochip und eine gültige Tollwutimpfung (Wiederholungsimpfung jünger als ein Jahr).

Für die Ausfuhr von Kultur- und Kunstgegenständen ist eine Genehmigung des Ministeriums für Kultur erforderlich. Des Weiteren benötigt man bei der Ausfuhr von Trüffeln aus Kroatien eine Ausfuhrgenehmigung der kroatischen Behörden – auch dann, wenn sie im freien Handel erworben wurden.

Verkehr und Anreise

Die meisten Touristen reisen mit dem eigenen **Auto** an. Kroatien verfügt über ein gut ausgebautes Autobahnnetz, allerdings muss man in den Sommermonaten an Wochenenden mit Stau an den Zahlstellen rechnen. Sofern möglich, sollte man deshalb An- und Abreise nicht gerade am Samstag oder Sonntag planen. Die Hauptroute für deutsche Urlauber führt zumeist über Salzburg und auf der Tauernautobahn über Villach nach Ljubljana. Urlauber, die aus der Schweiz kommen, reisen entweder über die Gotthardt- oder die Bernardino-Route über Chiasso und die Autobahn A 4 nach Triest. Ostösterreichische Kroatienreisende wählen auch die Strecke über den Grenzübergang Spielfeld und Maribor, dann entweder über Zagreb oder Koper. Schweizer, österreichische und slowenische Autobahnen sind vignettenpflichtig, italienische und kroatische Autobahnen sind je nach Fahrtstrecke mautpflichtig (siehe Kasten).

- **Slowenien: 7-Tages-Vignette 15 €, Monats-Vignette 30 €**
- **Österreich: 10-Tages-Vignette 8,80 €, 2-Monats-Vignette 25,70 €**
- **Schweiz: Jahres-Vignette 40 CHF (kürzeste Dauer!)**
- **Italien: Preise je nach zurückgelegter Wegstrecke, siehe www.autostrade.it**
- **Kroatien: Preise je nach zurückgelegter Wegstrecke, siehe www.hac.hr/de**

Istrien ist über die slowenische Autobahn A 1 nach Koper erreichbar. Im istrischen Abschnitt leitet die gebührenpflichtige Autobahn A 9 nahe der Westküste von Umag bis nach Pula. Die istrische Ostküste und die Bucht von Rijeka kann man über das istrische Ypsilon (A 8 über Kanfanar–Matulj) oder die Autobahn A 7 über Rupa–Matulj erreichen. Eine andere Möglichkeit, an die Kvarner Bucht zu gelangen, wäre über die Autobahn A 1 über Zagreb zu fahren. Die A 1 stellt auch die beste Verbindung nach Norddalmatien dar. Autobahngebühren in Kroatien sind jeweils bei den Ausfahrten zu entrichten, bei der A 1 auch vor Zagreb. Zusätzlich mautpflichtig sind die Passage des Učka-Tunnels und der Krk-Brücke. Die Maut kann auch in Euro sowie mit Smart Card bezahlt werden. ENC-Durchfahrten an den Zahlstellen sind für

Fahrzeuge mit eingebautem elektronischem Mautsystem vorgesehen. Die Homepage des Kroatischen Automobilclubs HAK – www.hak.hr/de – enthält aktuelle Informationen zur Verkehrslage. In Kroatien ist Abblendlicht oder Tag-Fahrlicht vom letzten Sonntag im Oktober bis zum letzten Sonntag im März Vorschrift.

Die kroatischen Inseln sind über **Fährverbindungen** der Jadrolinija gut ans Festland angebunden. Den exakten Fahrplan sowie entsprechende Preise findet man unter www.jadrolinija.hr/de. Der Fährhafen am Festland zur Insel Rab wurde in den letzten Jahren von Jablanac nach Stinice verlegt. Weitere lokale Fährverbindungen, die in diesem Buch erwähnt werden, sind Brestova (Istrien)–Porozina (Insel Cres) und Zadar–Brbinj (Insel Dugi Otok).

Rafting- oder Kayaktouren erfreuen sich an der Krupa großer Beliebtheit.

Wer mit dem **Bus** anreist, kann das dichte Busliniennetz in Kroatien nutzen. Hauptverkehrsknoten ist Rijeka, das mit allen wichtigen Orten der Region verbunden ist. Von vielen deutschen Großstädten kann man mit dem Europabus der Deutschen Touring GmbH nach Kroatien gelangen (www.touring.de). Informationen über kroatische Fahrpläne und Busstrecken erhält man auf der Homepage von Autotrans (www.autotrans.hr). Allerdings wäre nach der Busanreise zum Erreichen vieler in diesem Buch angeführter Ziele ein Mietwagen vor Ort vorteilhaft.

Dasselbe gilt für die Anreise mit der **Bahn** noch in höherem Ausmaß: Weil es zwischen den Küstenstädten keine direkte Bahnverbindung gibt, kommt

Zug nur für die An- oder Abreise infrage. Als günstigste Reisevariante benötigt die Bahn ein Vielfaches an Zeit im Vergleich zum Auto oder dem Bus. Nähere Informationen erhält man beim Reiseservice der jeweiligen Bahnen:

Deutsche Bahn AG, Tel. 0800/150 70 90, www.bahn.de, www.autozug.de
Schweizerische Bundesbahnen, Tel. +41/900/30 03 00, www.sbb.ch
Österreichische Bundesbahnen ÖBB, Tel. +43/5/17 17, www.oebb.at
Kroatische Eisenbahnen, Tel. +385/01/457 32 38, www.hznet.hr

An der Hafenpromenade in Vodice beim Restaurant Arausa

Die Anreise mit dem **Flugzeug** hat den Nachteil, dass es zumeist keine Direktflüge gibt, was mitunter längere Wartezeiten verursacht. Linienflüge mit Croatia Airlines finden täglich mit Zwischenlandung in Zagreb statt, weitere Flughäfen gibt es in Pula, Rijeka oder Zadar.

Unterkunft

Die kroatische Küste ist ein traditionelles Land der Campingplätze mit zahlreichen schönen Plätzen und meistens einer eigenen Bucht. Da wildes Campen in Kroatien verboten ist, findet man auch viele Naturcamps ohne jeden Komfort. Oft schließen Campingplätze fast nahtlos an Ferienanlagen diverser Großhotels an. Die meisten Ferienhotels entsprechen der Kategorie der Drei- bis Viersternehotels, sind kinderfreundlich und bieten ein mannigfaltiges Freizeit- und Sportprogramm mit Bootsverleih. Privatzimmer (Sobe) und Ferienwohnungen (Apartmani) werden über Internetplattformen propagiert oder sind vor Ort direkt oder über verschiedene örtliche Fremdenverkehrsagenturen zu mieten. Zur Hauptsaison kann man freie Quartiere teilweise an Infostellen erfragen, die vor größeren Orten an der Zufahrtsstraße eingerichtet sind (z. B. vor Rovinj). Außerhalb der Hauptsaison im Hochsommer liegen die Preise erheblich niedriger. Wer preisgünstig übernachten möchte, kann in Kroatien auch in Jugendherbergen Unterkunft suchen. Dazu ist ein internationaler Jugendherbergsausweis mit Passbild oder eine einmalige Gebühr für die Hostel Card erforderlich. Hostels gibt es in den beschriebenen Regionen unter anderen in Pula, Veli Lošinj, Krk und Zadar (www.hfhs.hr und www.hostelworld.com).

Kriminalität

Grundsätzlich gilt Kroatien als sicheres Reiseziel mit geringer Kriminalitätsrate. Um jedoch etwaigen Diebstählen vorzubeugen, sollte man wie in allen anderen touristischen Gebieten keine Wertsachen wie Geld, Ausweise oder Handtaschen im Auto zurücklassen und das Fahrzeug prinzipiell absperren. Außerdem sollte man beim Baden am Strand vermeiden, amtliche Dokumente, Fotokameras, Handys und Brieftaschen mitzunehmen.

Sonneneinstrahlung

Ein Sonnenbrand oder Sonnenstich infolge der sommerlichen Sonneneinstrahlung und Reflexion am Wasser kann den Urlaubsspaß abrupt beenden. Deshalb sollte man auf Sonnenbäder während der Mittagshitze verzichten. Verwenden Sie – wann immer möglich – eine Kopfbedeckung und Sonnencremes mit höherem Sonnenschutzfaktor.

Krankheit im Ausland

Die ärztliche Versorgung in Kroatien entspricht dem europäischen Standard. Krankenhäuser, Ambulanzen und Apotheken (Ljekarna) gibt es in jedem größeren Ort. Während der Hochsaison werden in Touristenorten separate Ambulanzen für ausländische Besucher eingerichtet. Ärzte findet man beinah in jedem Ort. Seit dem Beitritt Kroatiens zur EU benötigen deutsche und österreichische Urlauber keinen Auslandskrankenschein mehr. Für die Inanspruchnahme ärztlicher Leistungen im Falle eines Notfalls in Kroatien genügt die deutsche elektronische Gesundheitskarte bzw. die österreichische E-Card, auf deren Rückseite die europäische Krankenversichertenkarte abgedruckt ist. Empfehlenswert ist dennoch der Abschluss einer Auslandskrankenversicherung, die auch einen Rücktransport ins Heimatland abdeckt. Für Kroatien sind keinerlei Impfungen vorgeschrieben. Ein Impfschutz gegen Hepatitis A, Tetanus, Diphtherie und FSME wird jedoch empfohlen. Damit man für alle Fälle gerüstet ist, sollte man eine kleine Reiseapotheke mit Medikamenten gegen Durchfall, Fieber und Schmerzen in den Urlaub mitnehmen. Des Weiteren können sich Pflaster, Verband und eine Pinzette als nützlich erweisen.

Minen

In einigen Regionen Kroatiens sind nach dem Kroatischen Unabhängigkeitskrieg 1991–1995 noch etwa insgesamt 90 000 Landminen verblieben. Die Halbinsel Istrien, die Inseln und unmittelbaren Küstengebiete sind jedoch als sicher zu betrachten. Auch die Nationalparks können ohne Gefahr besucht werden, dennoch sollten die Besucher die markierten Wege nicht verlassen. Gefährdete Minengebiete sind durch Tafeln mit der Aufschrift »Ne prilazite« kenntlich und finden sich im Hinterland von Plitvice, Zadar, Šibenik oder dem norddalmatinischen Novigrad. In solchen Gebieten dürfen Wald- und Wiesenflächen entlang der Straßen und Wege nicht betreten werden. Detaillierte Informationen und Minengefährdungskarten sind über die Homepage des kroatischen Entminungsdienstes HCR abrufbar (www.hcr.hr). Diese Informationen wurden bei der Tourenauswahl entsprechend berücksichtigt!

Gefahr durch Tiere

In Kroatien gibt es nur wenige giftige Tiere und die Gefahr von einem giftigen Tier gebissen zu werden ist weit geringer, als etwa im Meer auf einen Seeigel zu treten. Die Stacheln des Seeigels sind sehr spröde und brechen leicht ab. Vorsichtshalber sollte man eine Pinzette und eine Zugsalbe in die Reiseapotheke packen. Im Meer kann es auch zu einer Begegnung mit einer Qualle kommen. Die Berührung der Tentakel kann brennenden Schmerz, sogar Narben hervorrufen. Der giftigste Fisch im Mittelmeergebiet ist das Petermännchen, das sich gerne im Sand eingräbt. Ein Biss ist zwar sehr schmerzhaft, aber ansonsten ungefährlich. Die beste Vorkehrung dagegen ist, auch bei Sandmeeresböden Badesandalen zu tragen. Im Gebirge oder in steinigen Gebieten sind die giftigen Schlangen Kreuzotter und Hornviper beheimatet. Beide Schlangen haben ein Zickzackmuster aus Rhomben.

Bei Hitze ziehen sie sich in kühlere Steinmauern oder Erdlöcher oder sonstige Zwischenräume zurück. Bevor man sich zur Rast auf eine Steinmauer setzt, sollte man diese zuvor kurz prüfen. Bei kühlerer Witterung kann es in seltenen Fällen auch vorkommen, solche Schlangen beim Aufwärmen auf einem Steig anzutreffen. Im Falle eines Bisses sollte man nicht zögern, ärztliche Hilfe aufzusuchen. Das gilt auch für einen Biss der Giftspinne Schwarze Witwe. Diese erkennt man durch dreizehn rote Punkte am Rücken. Todesfälle nach einem Biss sind selten, aber bei Kindern, kranken und geschwächten Menschen ist Vorsicht geboten. Begegnet man einem jungen Bären, so sollte man sich diesem nicht nähern, auch wenn er noch so drollig wirkt. Befindet sich die Bärenmutter in der Nähe, könnte eine gefährliche Situation entstehen. Mancherorts kann man auch auf aggressive Wespen treffen. Vorsicht beim Verzehr von Proviant im Freien, vor allem bei offenen Getränkepackungen. Ebenso können Stechmücken manchmal sehr lästig sein. Behandlungscremes für Wespen- und Mückenstiche oder Mückenstecker können dann hilfreich sein.

INFORMATIONEN

Informationen erteilt die Kroatische Zentrale für Tourismus:

- **Frankfurt: Stephanstraße 13, 60313 Frankfurt/Main, Tel. 069/238 53 50, http://de.croatia.hr**
- **München: Rumfordstraße 7, 80469 München, Tel. +49 89 / 22 33 44, http://de.croatia.hr**
- **Zürich: Seestraße 160, 8002 Zürich, +41/433/336 20 30, http://ch.croatia.hr**
- **Wien: Liechtensteinstraße 22 a, 1/1/7, 1090 Wien, Tel. +43/1/585 38 84, http://at.croatia.hr**

NOTRUF-TELEFONNUMMERN

- **Polizei, Tel. 112**
- **Feuerwehr, Tel. 93**
- **Rettung, Tel. 94**
- **Bergrettungsdienst Kroatien, Tel. 112**
- **Pannendienst des Kroatischen Automobilclubs HAK, Tel.+385/19 87**
- **ADAC-Deutschland Notruf für Kroatien, Tel. +385/66/999**
- **TCS Zentrale Hilfsstelle Schweiz, Tel. +41/58/827 22 20**
- **ÖAMTC Österreich Schutzbrief-Notruf, Tel.+43/1/251 20 00**

Felsküste an der Velika Kolumbarica am Kap Kamenjak

ISTRIEN

Die Urlaubsregion Istrien

Wie ein überdimensionales, auf dem Kopf stehendes Segel ragt die westlichste Region Kroatiens in die

Am Strand Bijeca Beach in Medulin können Kinder im Sand spielen.

Gewässer der Adria. Nach der Bodenfarbe und dem Untergrund unterscheidet man das »Rote Istrien« mit roten Terra-Rossa-Böden vom »Grauen Istrien« mit seinen Lehmböden und dem »Weißen Istrien« mit blankem Kalkgestein. Geschichtsträchtige, sehenswerte Orte, wie Poreč, Rovinj und Pula reihen sich an der Westküste wie die Perlen einer Kette. Poreč verfügt über die älteste und besterhaltene frühchristliche Basilika und damit ein Kulturgut von Weltrang, das unter dem UNESCO-Kulturerbeschutz steht. Die nach der Nähe zum Meer als »Blaues Istrien« bekannte Westküste war und ist die Hauptdomäne der touristischen Entwicklung mit dichtem Besiedlungsgrad und einer fast ununterbrochenen Abfolge von Campingplätzen und Hotelanlagen, die nur wenig Platz für stille Buchten einräumt. Dafür ist ein hohes Maß an Infrastruktur, Unterhaltung und Rummel garantiert. Das große Angebot an Freizeitunternehmungen wird auch durch so manchen Freizeit- oder Themenpark bereichert, wie z. B. den Glavani-Park. Mit dem Kap Kamenjak als südlichstem Punkt der Halbinsel zeigt sich Istrien landschaftlich wohl von seiner schönsten Seite, mit Klippen, wildromantischen Kiesbuchten und unglaublich schönen Meeresfarben. Ein anderes, auch sehr schönes Naturschutzgebiet an der Küste, das Goldene Kap südlich von Rovinj, verdankt seine Schönheit dem Zusammenspiel aus Natur- und Parklandschaft. In noch höherem Ausmaß finden wir diese Mischung aus kulturhistorischem Erbe und Natur im Nationalpark Brijuni, der ehemaligen Residenz des damaligen jugoslawischen Präsidenten Tito. In den letzten 10 bis 15 Jahren werden jedoch auch verstärkt die Bereiche des »Grünen Istriens« im Hinterland besucht, und gerade hier gibt es noch viel zu entdecken. Motovun oder Labin sind nur einige wenige der vielen sehenswerten Orte im Hinterland. Gehen Sie doch einfach auf Entdeckungsreise und erkunden alte Orte wie Buje, Buzet, Grožnjan oder Svetvinčenat. Viele Wasserläufe und Wasserfälle trocknen im Sommer völlig aus, weshalb ein Besuch dieser nur im zeitigen Frühjahr wirklich lohnt. Im Landesinneren gibt es auch mehrere geomorphologische Sehenswürdigkeiten, wie die Karstschlucht Vela Draga im Učkagebirge oder die Schlucht von Pazin, zu bewundern. In einigen Schauhöhlen, allen voran die Jama Baredine, kann man in das Innere von märchenhaften Höhlenwelten vordringen und sich dem Zauber von Istriens Unterwelt aussetzen.

Die malerische Kiesbucht Kurent südlich von Rovinj erreicht man entweder per Rad oder per pedes über das Goldene Horn.

Die schönsten Strände

Für die Halbinsel Istrien gilt noch mehr als in den übrigen Regionen Kroatiens, dass an den Meeresstränden Kies-, Stein- und Felsufer, teilweise auch mit betoniertem Wasserzugang, überwiegen. Das scheint allerdings die Beliebtheit als Urlaubsziel nicht zu trüben, ist doch die Wasserqualität als sehr gut einzustufen und die Sichttiefen im Meer sind zum Schnorcheln geradezu ideal. Sandbuchten wie bei Zambratija und Medulin bilden die Ausnahme. Der flach abfallende Natursandstrand von Zambratija, mit einem Liegebereich auf Sand und vereinzelten dekorativen Felsbrocken im Wasser, befindet sich am nordwestlichen Ortsrand etwa 5 km nördlich von Umag. Eine Parkmöglichkeit für einige wenige Autos besteht unmittelbar oberhalb des Strandes. Für das leibliche Wohl sorgen das Eiscafé Fati und eine Cocktail Beer Bar. Südlich von Rovinj liegen mehrere schöne, schneeweiße Kies-

Am Kap Kamenjak gibt es tolle Fels- und Kiesstrände.

Die Rutschen im Aquapark Aquacolors Poreč

strände, wie an der Cisterna- und Bačvice-Bucht, mit einer im Meer vorgelagerten Sandbank, auf der man während der Ebbe stehen kann. Allerdings gibt es hier keinerlei Infrastruktur. Will man auf diese nicht verzichten, so empfiehlt sich ein Besuch des Blaue-Flagge-Strandes der Bucht Veštar beim großen Campingplatz. Der Strand verfügt über Feinkies mit Sand, das Wasser ist flach und daher besonders für Kinder gut geeignet. Den wohl bekanntesten und größten Sandstrand auf Istrien findet man in Medulin beim Camp Medulin, nämlich den Bijeca Beach. Am feinsandigen und flachen Strand sind in manchen Bereichen aber auch Steine und Felsplatten im Wasser anzutreffen. Zahlreiche Fast-Food-Buden und Restaurants dahinter stellen sicher, dass man keinen Hunger oder Durst leiden muss. In den Sommermonaten liegt hier ein schwimmender Aquapark aus aufblasbaren Elementen verankert. Diese Art von Aquaparks erfreut sich in Istrien zunehmender Beliebtheit. Wer spektakulär gestaltete Rutschenanlagen abseits vom Strandurlaub ausprobieren will, findet diese in den beiden großen neu eröffneten Aquaparks Istralandia (zwischen Nova Vas und Novigrad) und Aquacolors Pore (zwischen Zelena laguna und Mugeba). Im westlichen Bereich der Bucht Veštar befindet sich eine Aquagan-Rutsche und abends öffnet der Family Park seine Pforten, ein Rummelplatz mit Trampolin, Bungee-Trampolin, einem Karussell, einer kleinen Rennstrecke und einer Mini-Bahn. Im Landschaftsschutzgebiet von Kap Kamenjak hat sich in einer kleinen, schmalen Nebenbucht der Portić-Bucht namens Uvala Mala Portič Sand abgelagert. Manchmal kommt im Sommer ein kleines Boot mit Getränken und Eis vorbei, ansonsten gibt es hier keinerlei Infrastruktur. Am Kap Kamenjak kann man eine ganze Reihe an prächtigen Fels- und Kiesstränden entdecken.

1

In der Tropfsteinhöhle Jama Baredine

Im Reich der Dunkelheit bei Nova Vas

Nahe der Westküste liegt die wohl bekannteste Schauhöhle Istriens. Auf einem 300 Meter langen Pfad mit 280 Stufen gelangen Besucher der Höhle durch fünf Säle und überwinden dabei einen Höhenunterschied von fast 60 Metern. Am Ende sorgt ein kleiner See für eine große Überraschung!

Hier trifft man auf den istrischen Grottenolm, eine Art blinden Molch, der bis zu 100 Jahre alt werden kann. Zuerst aber steigen wir auf einer Treppenanlage hinunter ins Reich der Dunkelheit, das im Jahre 1986 zum geomorphologischen Naturdenkmal erklärt wurde. Je tiefer wir vordringen, desto spekta-

Ausgangs-/ Endpunkt: Parkplatz vor der Höhle, Nova Vas, Poreč
Anfahrt: Autobahn A 9, Ausfahrt Visnjan, Richtung Poreč, in Nova Vas den Hinweistafeln Richtung Jama Baredine folgen
Weglänge: 300 m
Höhenmeter: 60 m
Gehzeit: 40 Min.
Ausrüstung: Feste Schuhe, Jacke oder warme Weste (14 °C in der Höhle)
Tourencharakter: Wegen der vielen Treppen, steilen Auf- und Abstiege eher für Sportliche geeignet
Einkehr: Kleine Bar
Öffnungszeiten: Jama Baredine: 1. April bis 31. Oktober.; April und Oktober 10–16 Uhr, Mai, Juni und September 10–17 Uhr, Juli und August 9.30–18 Uhr, sonst nach Voranmeldung; Speleolit: geöffnet 10–17 Uhr nach Anmeldung; Traktor Story: 1. April bis 31. Oktober täglich, April und Oktober Führungsbeginn 11 und 14 Uhr; Mai, Juni und September Führungsbeginn 11, 12, 13 und 14 Uhr; Juli und August 10–16 Uhr
Preise: Jama Baredine: Erwachsene 60 Kn, Kinder 40 Kn; Speleolit: Preise für Speleo Climbing und 5 Std. Speleo Adventure siehe Homepage; Traktor Story: Erwachsene 30 Kn, Kinder (3 bis 12 Jahre) 20 Kn
Informationen: Höhle Baredine: www.baredine.com, Tel. +385/98/22 43 50, +385/52/42 13 33, Speleolit: www.speleolit.com, Tel. +385/921/10 00 70

kulärer werden die Tropfsteingebilde. In der zweiten Halle bezaubert der »WASSERFALL« und sogar Tropfsteine, die entgegen der Schwerkraft wachsen. Ein Versturzblock vor der dritten Halle lässt uns nur einen engen Durchschlupf. Im vierten Höhlensaal beeindruckt eine ca. 10 Meter lange Sinterfahne und der senkrechte, 132 Meter tiefe Abgrund zum Grundwassersee, in dem eine größere Kolonie der Grottenolme lebt. Über eine steile Treppe steigen wir zur fünften Halle hinab, welche die schönsten Tropfsteingebilde birgt: Den »SCHNEEMANN«, die »Madonna«, die »Haifischflosse«, den »Dinosaurierkopf« und viele mehr. Unser Höhlenführer erweckt sogar rote Stalagmiten durch pulsierende Herzsignale zum Leben. Doch den Höhepunkt der 40-minütigen Besichtigung bildet die Begegnung mit dem GROTTENOLM. Bis 35 Zentimeter Länge kann dieses größte ständig in der Höhle lebende Tier erreichen. Es atmet über Kiemen und ernährt sich von kleinen Krebsen im Wasser. Nach diesem erlebnisreichen Ausflug in die Tiefen des Karstgebietes steigen wir wieder hinauf zum Ausgang. Für Gruppen wird nach Voranmeldung auch ein Trekkingprogramm mit Essen und Olivenprobe angeboten. Infos dazu gibt es bei der Höhlenleitung.

Bunte Stalaktiten an der Höhlendecke verleihen der Baredine Höhle einen märchenhaften Reiz.

Man sollte aber nicht versäumen, die kostenlose Ausstellung »Speleo Galerija« der prähistorischen Venus zu besuchen, die man über eine SPIELWIESE MIT RASTPLÄTZEN erreicht. Die Ausstellung ist noch im Er-

Ein Erinnerungsfoto auf Oldtimer Traktoren gibt es in der Ausstellung Traktor Story.

weiterungsstadium und enthält Nachbildungen der Venus aus verschiedenen Ländern und auch Fossilien, wie die Fußabdrücke eines Iguanodon oder den Kiefer eines Europäischen Waldelefanten.

Gleich neben der Ausstellung befindet sich das **Cave Climbing Center Speleolit**, wo Kinder ab 12 Jahren und Erwachsene auf den Spuren der HÖHLENFORSCHER wandeln können. Der

Im fünften Höhlensaal spiegeln sich die Tropfsteine in einem kleinen Höhlensee.

Linke Seite, oben: Im Cave Climbing Center Speleolit wurde eine Nebenhöhle der Jama Baredine für kleine und große Abenteurer erschlossen.

Abstieg in eine kleinere Höhle erfolgt über Abseilen und verschiedene Seilklettertechniken, die man hier einüben kann.
Viele Besucher der Höhle Baredine verbinden den Ausflug mit einer Besichtigung der **Traktor Story**, die sich nur wenige Meter vor dem Parkplatz zur Höhle befindet. Wer von unserem Nachwuchs schon immer gern auf einen alten Traktor kraxeln wollte, ist hier richtig, denn die stattlichen OLDTIMER-TRAKTOREN, die teilweise noch aus den 1920er-Jahren stammen, darf man auch für ein Foto ersteigen. Des Weiteren sieht man alte Dreschmaschinen und eine historische »Tenne«, einen runden Platz, auf dem das Getreide gedroschen wurde. Gleich daneben in der **Galerija Konobon** erfährt man, wie Brot, Wein und Olivenöl hergestellt werden. Und Mama und Papa dürfen an der zugehörigen Weintheke Produkte der Region kosten.

2 Im Motodrom Poreč

Für einen Augenblick Nachwuchs-Rennfahrer

Wer schon immer die Fliehkraft in den Kurven spüren wollte, sollte das Motodrom Poreč zwischen Tar und Poreč besuchen. Ob Go-Kart, Kart Cross oder Quad – hier gibt es für jeden Nachwuchs-Rennfahrer eine geeignete Rennstrecke.

Beim Motodrom Poreč handelt es sich um zwei verschiedene Anbieter: Links beim **Kart-Cross** werden Quads und Buggys angeboten, Kinder ab 5 Jahre dürfen auf separater Strecke mit dem Buggy ihre Runden drehen. Dahinter liegt der OFFROAD-KURS für Quads, wobei für Kinder ab 10 Jahre auch zwei kleine Quads zur Verfügung stehen. Ebenso kann man hier große Quads ausleihen. Es werden aber auch geführte ATV-Offroad-Routen oder Jeep-Abenteuer mit Guide angeboten. Nicht ganz so ambitionierte PS-Fans dürfen sich vom

Auf der Kart-Cross-Kinderstrecke

Ausgangs-/ Endpunkt: Parkplatz hinter dem Horse Center Jelena, Basarinka 5, Poreč
Anfahrt: An der Straße von Poreč nach Tar gelegen, beim Horse Center Jelena abbiegen
Einkehr: Für das leibliche Wohl sorgen die Pit Stop Bar oder ein Biergarten; für Gruppen ist ein Catering-Service möglich.
Altersempfehlung: Ab 5 bzw. 6 Jahre
Öffnungszeiten: 15. Juni bis 31. August täglich 9–24 Uhr, sonst 10–20 Uhr oder nach Voranmeldung
Preise: Kart-Cross: 10 Min. mit Kinder-Quad oder Kinder-KartCross 50 Kn, großes Quad 100 Kn, Zweisitzer-Quad 150 Kn; Istra-Kart: 10 Min. mit Bambini Kart 50 Kn, Zweisitzer 100 Kn, 9 PS Go-Kart 90 Kn, 13 PS Go-Kart 120 Kn, Segway Offroad 80 Kn; Paintball: 100 Kugeln 140 Kn
Informationen: www.kart-cross.net, Tel. +385/916/22 63 20, www.istra-kart.com, Tel. +385/52/45 61 00

Spannende Rennduelle auf der 600 Meter langen Go-Kart-Hauptstrecke

Papa oder der Mama in einem ZWEISITZER führen lassen. Getrennt von den Quads und Buggys befindet sich auf der rechten Seite das **Istra Karting**. Hier werden eigene Strecken für Go-Kart offeriert. Gleich beim Eingang befindet sich eine TRAMPOLINANLAGE. Mit dem Bambini-Kart dürfen sechs bis 11-jährige Kids auf einer eigenen Strecke Geschwindigkeitsrekorde brechen. Die zur Verfügung stehenden Go-Karts haben 120 cm^3 und 4 PS. Oder die Kids fahren im Zweisitzer mit. Ab 12 Jahren darf man mit 270 cm^3 und 9 PS starken Go-Karts fahren und ab 16 Jahren ist das Lenken von 390 cm^3 und 13 PS starken Go-Karts auf der 600 Meter langen Hauptstrecke erlaubt. Eltern können ihre Lieblinge von einer SONNENTERRASSE aus im Auge behalten. Die Auswahl an Adrenalinsportarten wurde zuletzt um den Adventurepark „Sky Fox", einen Hochseilgarten, erweitert.

3 Im Festungsstädtchen Motovun

Besichtigung des bekanntesten Hügelstädtchens im istrischen Trüffelreich

Motovun gilt als besterhaltenes mittelalterliches Städtchen, das festungsartig auf einem 277 Meter hohen, steil abfallenden Hügel errichtet wurde. Von den Stadtmauern kann man schöne Blicke auf die umliegenden Weinhügel, das Tal der Mirna und den Motovuner Wald genießen.

Vom Parkplatz zieht die Ulica Gradiziol steil zwischen engen Häuserreihen empor. Links weist eine Tafel darauf hin, dass der gebürtige Böhme Josef Ressel, der Erfinder der Schiffsschraube, eine Zeit lang hier gewohnt hatte. Trüffelpasten, Öle und Weine flankieren werbeträchtig unseren Weg. Dann durchschreiten wir ein GROSSES STADTTOR aus dem 16. Jahrhundert, der Markuslöwe in der TORANLAGE zeugt von venezianischen Zeiten. Dahinter liegen aussichtsreiche, einladende Café-Bars und Konobas. Links leitet eine weitere Toranlage aus dem 14. Jahrhundert auf den zentralen Hauptplatz Trg Andrea Antico mit der Kirche St. Stephan und einem älteren

Ausgangs-/ Endpunkt: Gebührenpflichtiger Parkplatz an der Friedhofskapelle von Motovun; die Parkgebühr von 20 Kn ist bereits an der Abzweigung von der Hauptstraße zu entrichten, der Parkplatz befindet sich weiter oben.
Anfahrt: Autobahn A 9, Ausfahrt Višnjan, Richtung Motovun, in Višnjan zuerst rechts halten, dann links nach Motovun; beim Bistro Vidik kommt der Hügel von Motovun in Sicht.
Weglänge: 1,75 km
Höhenmeter: Je 70 m
Gehzeit: 1 Std.
Einkehr: Unterhalb der Altstadt Restaurant M.Cotič an der Hauptstraße, in der Altstadt Caffe Bar – Pizzeria Montona Gallery oder Konoba Fakin, beide zwischen den Stadttoren
Informationen: www.tz-motovun.hr, Tel. +385/52/68 17 26

Das Festungsstädtchen Motovun zählt zu den besterhaltenen mittelalterlichen Hügelstädten im istrischen Binnenland.

Glockenturm (13. Jh.). Gegenüber liegt eine Tourist-Info. Nach kurzer Besichtigung der Kirche wenden wir uns den anschließenden Stadtmauern (13. Jh.) zu. Hier beginnt ein Panorama-Rundgang über die Mauerkronen, der vorbei an einem kleinen, sonnenexponierten SPIELPLATZ führt und wieder an der Toranlage zum Innenhof endet. Wir durchschreiten diese und biegen gleich danach in die gepflasterte Ulica Borgo nach links ein, die uns an alten Häusern vorbei zu einer Kirche leitet. Wir passieren das Geburtshaus des RENNFAHRERS Mario Andretti, der 1978 die Formel-1-Weltmeisterschaft für sich entschied. An einer Kehre halten wir uns links durch das Gotische Tor aus dem 14. Jahrhundert. Hier befindet sich eine weitere kleine Kirche. Zuletzt geht es kurz aufwärts zum Parkplatz.

4 In der Schlucht von Pazin

Vom größten mittelalterlichen Kastell Istriens zur Höhle Pazinska jama

130 Meter tief unter den Felswänden der Burg von Pazin verbirgt sich in der Fojba-Schlucht eine hydrogeologische Sehenswürdigkeit: Hier wird ein Bach von einer Höhle verschluckt. Mutige können eine rasante Seilfahrt mit der Zip-Line vom einen Schluchtrand zum anderen wagen.

Hinter dem Hotel Lovac befindet sich die Starthütte der **Zip-Line**. Wer will, kann von hier wie ein Vogel im Sturzflug über die Schlucht an den anderen Klippenrand gleiten. Das erste Seil überbrückt 220 Meter, das zweite in Retourrichtung 280 Meter Länge, wobei Kinder unter 35 Kilogramm nur in Begleitung eines Guides auf die SEILRUTSCHE dürfen. Von den Veran-

Ausgangs-/ Endpunkt: Parkplatz am Hotel Lovac in Pazin
Anfahrt: Autobahn A 8, Ausfahrt Rogovnića (Rogovići)/ Pazin Ind.zona, in Richtung Pazin abbiegen, nach einer Rechtskehre bei der Tafel Porec, Motovun links abbiegen, und gleich darauf bei der Hinweistafel Motel Lovac rechts einbiegen
Weglänge: 2 km
Höhenmeter: Je 105 m
Gehzeit: 2–3 Std.
Ausrüstung: Zumindest Sportschuhe sind ratsam, im Bachbett festes Schuhwerk erforderlich.
Tourencharakter: Rundwanderung teils auf befestigten Straßen, teils über Stufen und Erdwege; Pfad neben Bachbett über Felsgelände
Einkehr: Hotel Lovac
Öffnungszeiten: Zip-Line: 1. Mai bis 30. September 12–20 Uhr; Stadtmuseum im Kastell Pazin: im Sommer 10–18 Uhr
Preise: Zip-Line: 120 Kn für hin und zurück, das Mindestalter für die Teilnahme beträgt 4 Jahre; Museum im Kastell Pazin: Erwachsene 25 Kn, Kinder bis 14 Jahre 18 Kn; Lehrpfad durch die Schlucht von Pazin: Erwachsene 30 Kn, Kinder 15 Kn
Informationen: Tourist-Info Pazin: www.central-istria.com, Tel. +385/52/62 24 60, Ulica Franine i Jurine 14, Pazin; Ethnografisches Museum: www.emi.hr, Tel. +385/52/62 22 20

Am Höhlenportal der Pazinska Jama, wo der gesamte Bachlauf der Pazinčica verschluckt wird.

staltern wird derzeit auch Seilklettern und Abseilen angeboten. In den nächsten Jahren soll hier noch ein Hochseilgarten entstehen. Nachdem wir den tollen Ausblick über die Fojba-Schlucht hinüber zum Schloss genossen haben, gehen wir auf der linken Seite des Hotels die Stufen hinauf zur Ulica Šime Kurelića, der wir nach links über eine Brücke folgen. Links wenden wir uns gegen die einmündende Einbahnstraße Buraj hinunter, am Platz Hrvatski Trg vorbei und um das Schloss herum. Am Eingang zum **Kastell Pazin** öffnet sich ein weiterer spektakulärer BLICK AUF DIE SCHLUCHT und die Zip-Line. In den historischen Räumen ist das **Stadt- und ethnografische Museum** untergebracht. Nach der Kassa folgt der Innenhof mit Brunnen. Rechts im Eck führen Stufen zu Museumsräumen mit Fragmenten von keramischen Gegenständen und alten Grabtafeln. Ein Raum ist dem Lebensweg des Bischofs Juraj Dobrila gewid-

Im Innenhof des Kastells von Pazin, das als größte und besterhaltene mittelalterliche Festung in Istrien gilt.

met. Im oberen Stockwerk gibt es in den Sommermonaten zu bestimmten Terminen die Möglichkeit, im Rahmen eines WORKSHOPS den regionalen Tanz Balun zu erlernen oder eine Puppe aus altem Stoff herzustellen. Außer der Besichtigung alter Trachten und einer historischen Küche können Kinder in der MUSEUMSWERKSTÄTTE basteln, eine alte Schreibmaschine ausprobieren, malen oder Dokumentationen anschauen. In den Kellerräumen gibt es geschmiedete bäuerliche Gegenstände und eine interessante Glockenausstellung zu bewundern. Eine kleine Bar links vom Burgeingang lädt zur Stärkung. Dann folgt der interessanteste Teil der Runde: Wir folgen dem Weg

JULES-VERNE-TAGE

Die jährlich Ende Juni zelebrierten Jules-Verne-Tage in Pazin erinnern an den Abenteuerroman Mathias Sandorf, in dem Jules Verne seinen eingekerkerten Helden durch die Paziner Höhle entkommen ließ. Im Rahmen eines großen Festes finden dann Umzüge in historischen Kostümen in Pazin statt.

nach links weiter, der zu der hohen Vršić-Brücke über dem Tal der Pazinčica führt. Gleich links am Beginn der Brücke startet ein gebührenpflichtiger LEHRPFAD hinunter in die Schlucht. Eine in vier Sprachen verfasste Lehrtafel informiert über die Bedeutung der Pazinska jama. Im Abstieg um einige Felsecken herum trifft man auf die nächste Infotafel, die sich mit zwei Legenden um die Höhle beschäftigt. Im Talboden angekommen, führt ein kurzer Stichweg in Richtung der **Höhle Pazinska jama**, doch am Wegesende ist diese noch immer nicht sichtbar. Steigspuren leiten von hier weiter zum FLUSSBETT, das bei Niedrigwasser im Sommer leicht zu überschreiten ist, sofern man mit trittsicherem Schuhwerk ausgestattet ist. Auf der anderen Hangseite der Pazinčica kann man auf eigene Verantwortung über Felsen und einen erdigen Steig flussabwärts bis zum SCHLUCKLOCH (Ponor) gelangen, wo der Fluss hinter der Felswand verschwindet. Ein beeindruckender Ort. Wir kehren auf demselben Weg bis zur LEHRTAFEL zurück und überschreiten nun den kleinen Fluss über einen Holzsteg. Holztreppen und Erdwege führen durch dichten Laubwald empor zu einem Aussichtsrücken mit Tiefblick auf die Paziner Höhle. Der Weg in die Höhle selbst wird vom Höhlenforschungsverein Istra als „Höhlenabenteuer" im Rahmen einer geführten Höhlentour um 190,- Kn angeboten. Diese beinhaltet auch eine kurze Zip-Line ans Ufer eines 80 Meter langen Höhlensees (Anmeldung unter Tel. +385/91/512 15 28, +385/98/33 00 38). Danach erreichen wir die Kassahütte beim Hotel Lovac und damit unseren Ausgangsort.

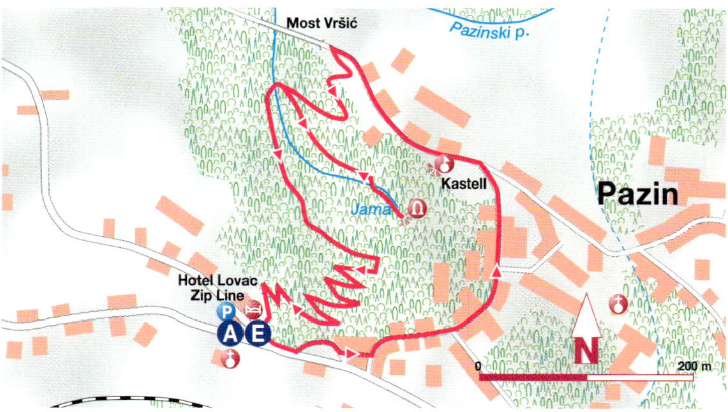

5 Ein Besuch im Dinopark Funtana

Auf den Spuren brüllender Dinos

In Funtana wird dem Besucher auf 80 000 Quadratmetern perfekte Urlaubsunterhaltung geboten: Nicht nur, dass mehr als 30 äußerst echt wirkende Dinosaurier auf Knopfdruck brüllen oder mit Bewegungsmotorik ausgestattet sind, gibt es zusätzlich noch tolle Show-Acts und eine parkartige Naturlandschaft zu bewundern.

Gleich hinter dem monumentalen Eingangsportal öffnet sich ein Platz mit einem Protoceratops und dem fleischfressenden Stier, dem Carnotaurus. Neben den Modellen befinden sich auch Infotafeln in deutscher Sprache. Hier findet dreimal täglich (11.30, 15 und 18 Uhr) die spektakuläre **Flying Devils Motorshow** auf einem luftigen Drahtseil statt, manchmal sogar ein viertes Mal. Links führt ein Zugang zur **Show-Arena**. Im Eintrittspreis sind sämtliche Shows und Fahrgeschäfte enthalten. Knapp hinter dem Eingang

Ausgangs-/ Endpunkt: Großer, kostenfreier Parkplatz in der Nähe der südlichen Ortsendetafel von Funtana
Anfahrt: Über die Verbindungsstraße Poreč–Vrsar erreichbar; oder über Autobahn A 9, Ausfahrt Vrsar/ Sveti Lovreč, Richtung Vrsar, bei der Ortsendetafel von Vrsar am Friedhof vorbei und 200 m danach links parken
Weglänge: 1 km
Gehzeit: 2–2,5 Std.
Ausrüstung: Trekking-Sandalen sind ausreichend
Tourencharakter: Wanderung auf breiten Holzstegen, auch mit Kinderwagen möglich
Einkehr: Restaurant Margarita, direkt bei der Show-Arena mit Außenterrasse, Speisen vom Grill und Pizza – zwischen 40 und 70 Kn
Öffnungszeiten: 1.4.–30.09. von 10–18 Uhr
Preise: Nebensaison (IV/V/IX/X) 80 Kn für Erwachsene, 60 Kn für Kinder (4-14 Jahre), Hauptsaison (VI/VII/VIII) 140 Kn für Erwachsene, 120 Kn für Kinder
Informationen: www.dinopark.hr, Tel. +385/52/44 53 27

erweckt ein Terrarium mit einigen Reptilien die Aufmerksamkeit unserer Kleinen. In der Halle findet die bunte **Cirkus Varieté Show** statt. Des Weiteren befindet sich eine Snack Bar, ein Dino-Doku-Kino und ein Internetcafé in der Show-Arena. Vorbeischauen lohnt sich auf alle Fälle! Wir wenden uns nun aber dem Rundweg zu. Über ein paar Stufen gelangen wir vorbei am Spinosaurus zu einer Abzweigung: Rechts erreicht man nach wenigen Metern eine Unterstandshütte, bei der man sich als BOGENSCHÜTZE versuchen kann. Dahinter liegt der SEA-MONSTER Bereich mit verschiedenen Meeres- und Fischsauriern. An der linken Verzweigung setzt man den Hauptpfad fort. Die Tafel **Monster Hunting** weist zu einem Stand, von dem man diesmal als PAINTBALL-Schütze auf Dino-Attrappen schießen kann. Über Holzstege erreicht man **Gondwana**. Ein kleiner Seitenweg umgeht rechts eine Mulde mit dem Tsintaosaurus und einige Fotokulissen, mündet aber vor einem Dilophosaurus wieder in den Hauptpfad ein. Kurz danach wenden wir uns beim Wegweiser Richtung Waldbrücke nach rechts. Gleich danach kann man rechts abzweigend einen kurzen Rundgang zu Dino-Ei und Dinoritt unternehmen, der Hauptweg setzt sich aber links fort. In der Folge erreichen wir eine spannende Parklandschaft mit Felsen eines alten **römischen Steinbruches**: An Felswänden mit einem kleinen WASSERFALL windet sich der Holzsteg hinunter zu einem TEICH mit

Ein Lufengosaurus in Nöten – die lebensgroßen Modelle und die üppige Parklandschaft überzeugen.

Krokodil, wo gerade ein Lufengosaurus von kleinen Biestern attackiert wird. Links davor zweigt ein Weg hart am Fuß von Felswänden zu einem versteckten Baby-Saurier ab, während im Waldtal des **Jurassic Canyons** bereits ein Flugsaurier über unseren Köpfen schwebt. Gleich danach lauert auf der linken Seite ein Velociraptor, gefolgt von einem Flugsaurier. Wir wandern nun durch **Pangea** und erreichen die **Waldbrücke**, die eine kleine Schlucht zwischen Felswänden überspannt. Links kommt man in einem kleinen Rundgang zu einem Stegosaurus. Rechts führt ein Stichweg zum einem T-REX-RITT sowie dem DRAGON COASTER, einer kleinen Hochschaubahn, und einem SANDKASTEN als Fossilien-Ausgrabungsstätte für die Kleinsten. Zurück am Hauptweg kommen wir an der rechten Seite bei der SESSELLIFTSTATION Stonestation vorbei, links zweigt ein Pfad zum Ornitholester ab, den wir bereits vom Jurassic Canyon aus auf einer Klippe gesehen haben. Beim Tyrannosaurus Rex treffen wir auf das **Museum** mit einem Stegosaurus-Skelett und Fossilien, darunter ein 89 Millionen Jahre alter Schädel eines Baby-T-Rex. Weiter vorne zweigt links noch ein Pfad zum Triceratops ab. Danach quert der Weg vor der Show-Arena. Links befindet sich der AUSSICHTSTURM **Hightower**. Die kleine Plattform fährt auf Knopfdruck unter ächzenden Geräuschen über die Baumkronen. Bitte nicht be-

Auf Knopfdruck lässt man einen Dino aus dem Ei schlüpfen.

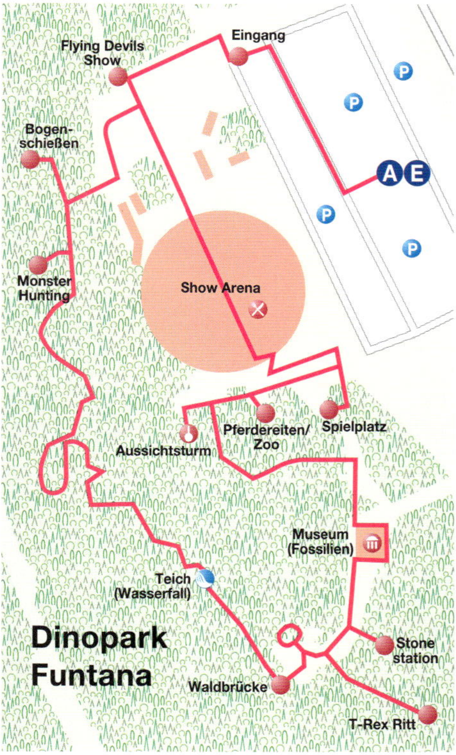

Die Flying Devils sorgen für spannende Unterhaltung.

wegen, denn der Aussichtsturm wackelt bei jeder Gewichtsverlagerung! Oben öffnet sich der Blick auf Vrsar und das Meer. Auf der anderen Seite des Querweges kommt man zu einem **Streichelzoo** mit Ziegen, wo Kinder auch gratis auf einem PFERD REITEN dürfen. Danach folgt ein LUNA PARK mit einer Kinderbahn, einem kleinen Riesenrad, Karussell und ABENTEUERSPIELPLATZ. Auf der gegenüberliegenden Seite vor der Show-Arena wacht ein großer Brachiosaurus über die kleinen Besucher. Als weitere besondere Attraktion lockt eine große PIRATENSCHIFF-Schaukel für die ganze Familie.

6 Dvigrad

Die Ruinenstadt aus zwei Burgen

Die mit 16 000 Quadratmetern größte Ruinenstadt Kroatiens, die einst aus zwei frühmittelalterlichen Burgen entstanden ist, wurde nach einer Pest-Epidemie im Jahre 1631 verlassen. Heute ranken sich nicht nur Pflanzen um das alte Mauerwerk, sondern auch Legenden und Mythen.

Nach der Legende hat hier der PIRAT und spätere Vizegouverneur der britischen Karibik, Sir Henry Morgan (1635–1688), die Beute seiner Raubzüge vergraben. Bis heute wurde der SCHATZ jedoch nicht gefunden. Wir betreten die Befestigungsanlage durch ein Tor. Rechts zweigt ein Pfad zu einer Turmruine ab, hinter der man das niedrige Mauerwerk leicht überschreiten und in den Innenbereich von Dvigrad vordringen kann. Entlang des Pfades läuft man an niedrigen Hausruinen vorbei, bis sich der Weg nach links wendet und wir an einem großen Stadtplatz vor der Ruine der Basilika der Hl. Sophia stehen. Von der frühchristlichen, dreischiffigen Kirche wurden nach der Aufgabe im Jahre 1714

Die beeindruckenden Ruinen der Basilika der Hl. Sophia

Ausgangs-/ Endpunkt: Kostenfreier Parkplatz vor Dvigrad
Anfahrt: Autobahn A 9, Ausfahrt Rovinj/Kanfanar, Richtung Kanfanar, kurz vor dem Ort scharf links abbiegen und nach zwei Kehren parken
Weglänge: 500 m
Gehzeit: 30 Min.
Ausrüstung: Zumindest Trekking-Sandalen
Einkehr: Nicht weit von Dvigrad ist das östliche Ende des Limski Fjordes: im Ort Limski zaljev befinden sich ein großer Parkplatz, viele Verkaufsstände mit regionalen Produkten und zwei Restaurants, das Restaurant Viking und daneben das große Restaurant Fjord.
Öffnungszeiten: Die Ruine ist frei zugänglich.

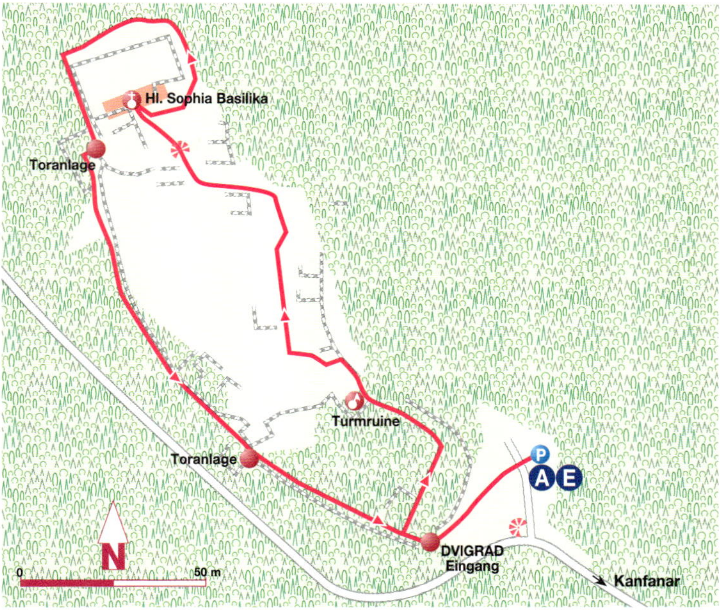

viele Kirchenschätze in den Nachbarort Kanfanar zur Kirche Hl. Silvester übersiedelt. Den einstigen Prunk kann man heute trotz der beeindruckenden verbliebenen Außenmauern kaum mehr ermessen. Nun wenden wir uns einem schmalen Pfad zu, der rechts um die Kirchengemäuer führt. Hinter der Kirche kann man auf verschlungenen Pfaden durch die dschungelartige Vegetation weitere niedrige Ruinenreste von den insgesamt 220 Häusern entdecken, doch ein Rundgang im verwachsenen Gelände lohnt hier kaum. Also folgen wir dem Pfad um das Kirchenaußengemäuer herum, durchschreiten einen großen Torbogen in den äußeren Mauerring nach rechts und wenden uns danach gleich links, wo ein breiter Weg an der Stadtmauer entlang durch ein weiteres Tor zum Ausgang zurückführt.

7 Durch den Waldpark Zlatni Rt bei Rovinj

Auf Schusters Rappen oder mit dem Drahtesel zum Goldenen Kap

Diese Runde verspricht Badevergnügen kombiniert mit Wegen durch eine paradiesische Küstenlandschaft. Seit 1948 ist der außerordentlich schöne Parkwald mit mediterranen und exotischen Gewächsen auf einer Fläche von 52,4 Hektar ein gesetzlich geschütztes Gebiet.

Nach der Vision von Georg Hütterott, einem deutschen Unternehmer, sollte in diesem Gebiet einst der klimatische Kurort Kap Aureo entstehen. Durch seinen frühen Tod wurde jedoch nur die botanische Gestaltung des Projek-

Ausgangs-/ Endpunkt: Kostenfreier Parkplatz gegenüber Unterhaltungscenter Monvi, Luja Adamovića bb
Anfahrt: Autobahn A 9, Ausfahrt Rovinj/Kanfanar, Richtung Rovinj, am Hotel Eden vorbei, auf der rechten Seite auf das Ende des Zaunes achten; dort, wo eine Steinmauer rechts beginnt, sollte man den Wagen abstellen.
Weglänge: 5,5 km
Höhenmeter: 40 m
Gehzeit: 2–2,5 Std. für Fußgänger, Badepausen einplanen
Ausrüstung: Badesachen, eventuell Schnorchel-Ausrüstung, bequemes Schuhwerk, zumindest Sportschuhe
Tourencharakter: Wanderung oder Radfahrt auf ufernahen Kieswegen; auch für Kinderwagen geeignet
Einkehr: Restaurant Grote in der Koronsun Bucht (Pizzas, Fische), Öffnungszeiten Küche: 12–21 Uhr, Di–So 14–21 Uhr
Öffnungszeiten: Radverleih Halo Bike, am Anfang des Waldparks stationiert, von Mai bis September, 9–20 Uhr, Tel. +385/989/93 82 53; Aquapark in der Bucht Lone: geöffnet im Sommer von 9–20 Uhr
Preise: Radverleih 50 Kn für halben Tag (6 Std.) oder 70 Kn ganztägig; Aquapark 30 Min. 40 Kn
Informationen: Tourist-Info Rovinj, Obala Pina Budicina 12, 52210 Rovinj, www.tzgrovinj.hr, www.istria.hr/de/home, Tel. +385/52/81 15 66

tes realisiert. Neben einer Steinmauer finden wir den Einstieg in unsere Rundwanderung, die uns zunächst zum Meer hinab führt. Wer lieber mit dem Fahrrad unterwegs ist, hat unten beim Radverleih Halo Bike die Möglichkeit,

Zum Auftakt der Runde über das Goldene Horn erreichen wir die idyllische Badebucht Lone südlich von Rovinj.

einen Drahtesel auszuborgen. Links beginnt nun unser Weg an der Küste entlang, etwas dahinter verläuft der Radweg. In Kürze erreichen wir die **Bucht Lone** mit Feinkiesstrand zwischen Felsen und einem AQUAPARK aus aufblasbaren Wibit-Elementen. Für einen BADESTOPP stehen Umkleiden und eine Snackbar zur Verfügung. Die Fortsetzung unseres Küstenweges geht an einem Hundestrand vorbei. Der Weg ist in diesem Bereich grob geschottert und führt uns bergauf zum alten **venezianischen Steinbruch** am **Kap Montauro**. Großartige Ausblicke auf die Felsküste und das Rovinjer Archipel vor uns sowie die bunt bemalten Felsen hinter uns verleiten zur Rast, auch um KLETTERER IN DEN KLIPPEN zu beobachten. Nach dieser

Am Kap Kurent ermöglicht ein weit ins Meer ragender Steg schöne Rückblicke zu den Felsen der antiken Steinbrüche.

Oben: Am Kap Montauro kann man in den Felsen eines venezianischen Steinbruches Kletterer beobachten.

heroischen Landschaft führt der Weg direkt am steinigen Ufer unter duftenden Kieferbeständen weiter. Wir erblicken fantasievolle STEIN-SKULPTUREN, die wohl ein Künstler am Ufer hinterlassen hat. Kurz vor dem Erreichen der nächsten Bucht treffen wir auf eine Säulenreihe, danach folgt eine Wiese mit Café-Bar. Die **Bucht Kurent** (Punta Corrente) verfügt über Naturschatten unter Pinien und Feinkieseinstiege ins Meer und zählt zu den schönsten Stränden innerhalb des Waldparks. Nach einer willkommenen ABKÜHLUNG IM MEER folgen wir dem Küstenweg weiter ans **Kap Kurent**, wo eine Mole weit ins Meer ragt. Gegenüber erblicken wir die nah gelegene Insel Sv. Andrija. Auf dem Weiterweg gelangen wir an der kleinen

Kiesbucht Mala Škaraba mit einer Bar vorbei. Danach schwenkt der Kiesweg neben einer Rastbank ins Landesinnere, das nahe Kap Rt Skaraba wird vom Weg nicht berührt. Den landeinwärts abzweigenden Weg sollten wir uns für den Rückweg merken. Dann treffen wir auf die Kiesbucht Velika Škaraba mit hässlichen Ruinen eines aufgelassenen Baderesorts. Nach dem wenig ausgeprägten **Kap Rusi** folgt ein Hundestrand.

Dann stehen wir an der **Kiesbucht Koronsun** mit dem Restaurant Grote auf einer Wiese und einem schönen Garten nebenan. Im östlichen Buchtbereich ermöglicht ein schmales Feinkiesband im Meer einen bequemen Einstieg ins Wasser – empfehlenswert für Kinder zum SCHNORCHELN! Nach einer Rast und Stärkung treten wir nun den Rückweg an: Dazu wandern wir zurück zur Bucht Velika Škaraba und nehmen dort den zweiten, rechts aufwärts führenden Weg, der uns direkt zum oberen Parkeingang leitet. Von dort gehen wir an der Straßenzufahrt entlang bis zum Parkplatz.

TIPP FÜR RADFAHRER

Radler können die Strecke verlängern, vorbei an der Bucht Cuvi bis zur Ferienanlage Villas Rubin immer am Meer entlang. Auch die römische Zisterne am Strand Cisterna oder das Vogelreservat und Sumpfbiotop Palud wären ein mögliches weiteres Ziel. Nähere Informationen erteilt die Tourist-Info Rovinj.

8 Im Königreich von Feštini

Besuch einer märchenhaften kleinen Tropfsteinhöhle

Nachdem es einst einem Weinbauern nicht gelungen war, die stets unter den Weinreben wegsickernde Erde aufzufüllen, wurde die Stelle später aufgegraben und es trat eine unglaublich faszinierende, 67 Meter lange Tropfsteinhöhle zutage, die von Kindern »Königreich« genannt wurde.

In der Galeria Grota erinnert eine alte Kutsche an den Ex-Präsidenten Tito.

Heute gehört die Höhle dem Staat, doch das Land drum herum und die Höhlenführung wird seit 2008 als kleiner, sympathischer Familienbetrieb verwaltet. Vom Parkplatz muss man etwa 400 Meter zu Fuß durch das Dorf Feštini entlang ausgeschilderter Wege zurücklegen, um die Unterwelt von Feštinsko kraljevstvo zu erreichen. Über einen ummauerten Treppenab-

Ausgangs-/ Endpunkt: Gebührenfreier Parkplatz am Beginn des Dorfes Feštini
Anfahrt: Autobahn A 8 in Richtung Rijeka, Ausfahrt Zminj, Richtung Zminj und Labin, dann den Hinweistafeln Richtung Feštinsko kraljevstvo folgen
Weglänge: 900 m
Gehzeit: 45 Min.
Ausrüstung: Pullover mitnehmen (in der Höhle herrschen Temperaturen von 13–15 °C)
Einkehr: Nur Getränke verfügbar
Öffnungszeiten: In den Monaten April, Mai und Oktober an Wochenenden und Feiertagen, in den Monaten Juni bis September täglich geöffnet von 10–18 Uhr; übrige Zeit nach Voranmeldung
Preise: Erwachsene 40 Kn, Kinder (7–18 Jahre) 25 Kn
Informationen: www.sige.hr, Tel. +385/91/561 63 27

Eines der schönsten Tropfsteingebilde des Fenstiner Königreiches ist der eindrucksvolle Fledermausflügel in Bildmitte.

gang erreichen wir den Eingang in die ovale Halle, deren Tiefe lediglich 9 Meter beträgt. Befestigte Wege von ca. 100 Meter Länge erschließen das dunkle Königreich. Gleich zu Beginn zeigen sich die TROPFSTEINBILDUNGEN in ihrer vollen Pracht, wie die »FLEDERMAUSFLÜGEL« über der Wurzel einer Weinrebe. Die Vielzahl an Steinformen regt die Fantasie an: Da schauen plötzlich Krokodils- oder Haifischzähne aus dem glatten Gestein, wir begegnen einem »Zauberhut«, »Santa Claus«, dem »Turm von Babylon« und treffen auf »Burger« und »Speck«. Nach der 20-minütigen Führung, die in vier Sprachen abgehalten wird, kann man einen kleinen Kräutergarten und eine Ausstellung (Galerija Grota) besuchen. Die Dokumentation ist dem nah gelegenen Quarzabbau für die berühmten Glasbläsereien auf Murano bei Venedig gewidmet. Interesse verdient auch die alte Kutsche aus dem Besitz von Ex-Präsident Tito. Auf der gegenüberliegenden Seite des Grundstückes gibt es Hühner und Hasen in kleinen TIERGEHEGEN zu bewundern. Für Durstige steht eine Getränkebar zur Verfügung.

9 Das Aquarium von Pula

Das Reich der Fische im Fort Verudela

Auf zwei Etagen der historischen Fortanlage Verudela erhält der Besucher mit gezählten 50 Becken Informationen zur adriatischen Flora und Fauna sowie zu Fischen europäischer und tropischer Seen wie auch tropischer Meere.

Im größten Aquarium Kroatiens lernen wir Details über Meeresbewohner kennen und besichtigen gleichzeitig das historische **Fort Verudela** aus der Zeit der österreichisch-ungarischen Monarchie. Vom Parkplatz folgen wir dem Wegweiser Richtung Aquarium Pula entlang der links abbiegenden Straße, die zu einem Kiosk führt. Bei einer Wegverzweigung halten wir uns links und stehen nach wenigen Schritten vor dem Fort. Im **Erdgeschoss** sind Repräsen-

Pula ist für sein römisches Amphitheater weltbekannt.

Ausgangs-/ Endpunkt: Gebührenfreier Parkplatz in Pula auf der Halbinsel Verudela
Anfahrt: Autobahn A 9, Ausfahrt Pula, Hinweistafel Akvarij/Verudela, bei den ersten vier Kreisverkehren Richtung Premantura, dann viermal Richtung Verudela, an der Ampel links (rechts geht es Richtung Stoja), nach Trennung der Fahrspuren rechts am Ende des Parkplatzes Abstellplatz suchen
Weglänge: 380 m Fußweg zum Aquarium
Gehzeit: 1–3 Std.
Einkehr: Restaurant Fort Verudela (Terasa Verudela Grill Restaurant)
Öffnungszeiten: III/X 10–16 Uhr, IV/V 10–18 Uhr, VI/IX 9–20 Uhr, VII/VIII 9–22 Uhr
Preise: 60 Kn für Erwachsene, 50 Kn für Kinder 7–18 Jahre, 30 Kn für Kinder 3–7 Jahre
Informationen: www.aquarium.hr, Tel. +385/52/38 14 02; Sightseeing-Bus: www.pulacitytour.com/de/

tanten der **Tier- und Pflanzenwelt der Nordadria** untergebracht. Am Ende des Korridors ist für 2014 ein Haibecken geplant. Rechts am Gang gelangen wir zur Ausstellung »Evolution« mit einer Doku über Charles Darwin. Die Becken der Seitenräume sind den **Lebensgemeinschaften mit Algen und Seegras** gewidmet, die vorwiegend von verschiedenen Brassen-Arten vertreten werden. Am Ende des Ganges leitet uns ein TUNNEL wie in einer Zeitreise durch die Erdzeitalter abwärts, was uns durch Illustrationen mancher sonderlicher Kreaturen veranschaulicht wird. Unten mündet der Tunnel in eine Kammer mit lebenden Fossilien. Zurück am Eingangskorridor wenden wir uns auf der linken Seite **Krebstieren, Knorpel-** und **Flachfischen**, Fischen der **Schattenhabitate** und **kroatischen Süßwasserfischen** zu. Während am Gang verschiedene Objekte zum Betrachten mit der Lupe einladen, gelangen wir in den Seitenräumen zu einem BOOTAQUARIUM mit Großen Seespinnen und Hummern. Nebenan lockt ein großes AQUARIUM MIT KATZENHAIEN. TAST- UND GERUCHSBOXEN am Gang sollen zum interaktiven Mitmachen animieren. Nach einem Becken mit Drachenköpfen und

Wer ist hier neugieriger? Das Katzenhai-Becken erfreut sich großer Beliebtheit.

Oben: Ein Zackenbarsch im Muränen-Becken

Seepferdchen sind faszinierende kleine Meeresbewohner des adriatischen Raumes.

Meeraalen leitet am Ende des Ganges ein gemauerter Tunnel hinunter zu den Süßwasserfischen und in den Festungsgraben, wo eine PICKNICK-FLÄCHE und ein kleiner SPIELPLATZ eingerichtet wurden. Im Wassergraben entdecken wir eine Unmenge an Schildkröten. Danach steigen wir über die Treppen im Korridor in das **obere Stockwerk** hinauf. Links finden wir ein Petermännchen, den gefährlichsten europäischen GIFTFISCH, und einen ungewöhnlichen Fisch, der lieber auf den Brustflossenstrahlen wie ein Krebs krabbelt als schwimmt, nämlich den Knurrhahn. In der Mitte des Treppen-Korridors soll im Jahr 2014 ein großer Bereich für **Offensee-Fische** eröffnet werden. Rechts vom Treppen-Korridor schließt ein Oktopus-Becken sowie eine Dokumentation über Flachfische und Pula als österreichisch-ungarischen Hauptkriegshafen an. Dann folgt der bei Kindern beliebte SEEPFERDCHEN-**Raum**. Gegenüber befinden sich **tropische Meeres- und Süßwasserfische**, unter anderem auch Piranhas und ein großer Riesengurami-Albino. Im **Rettungszentrum für Meeresschildkröten** kann man sich einen SCHILDKRÖTENPANZER umschnallen, um nachfühlen zu können, wie sich eine Schildkröte so fühlen muss. Gegenüber sind die Becken für die **Tier- und Pflanzenwelt der Südadria** eingerichtet. Hier treffen wir unter anderen auf die Muräne, den Zackenbarsch und den Drückerfisch. Ergänzende Infotafeln bereichern das Wissensangebot. Danach steigen wir die Treppe weiter hinauf, begleitet von Dokumentationen zur Kriegsgeschichte und zur Entwicklung des Aquariums, bis zum **Dach der Festung**, wo man teilweise einen BLICK AUF DAS MEER werfen kann. Das kreisrunde Loch in der Mitte des Daches stammt von einer großen KANONE, die von den Italienern nach dem Ersten Weltkrieg demontiert und nach Italien gebracht wurde.

Am Dachgeschoß der Festung Verudela trifft man auf Ruinen aus der österreichisch-ungarischen Monarchiezeit.

10 Am Dinosaurierpfad auf Kamenjak

Zu fossilen Dinosaurierspuren

Die lebensgroßen Dinosauriermodelle am Kamenjak mögen zwar nicht über solch realistisches Aussehen wie in Funtana verfügen, doch die Fußabdrücke an den wildromantischen Uferfelsen des Kaps Grakalovac sind hier vor Millionen von Jahren wirklich entstanden.

Entlang der Wegweiser von Grako, dem kleinen Dinosaurier, führt ein 600 Meter langer geschotterter **Lehrpfad mit sieben Stationen** und LEBENSGROSSEN MODELLEN zwischen schönen Kiefer- und Wacholderbeständen durch die malerische Küstenlandschaft, die im Jahr 1996 zum Naturpark erklärt wurde. Die erste Tafel ist dem Zeitalter der Kreidezeit gewidmet. Wir halten uns geradeaus und kommen auf dem Lehrpfad

Ausgangs-/ Endpunkt: Parkplatz wenige 100 Meter nach der Zahlstelle für den Naturpark; Souvenirshop, Grako-Symbol auf brauner Holztafel
Anfahrt: Autobahnende A 9, Ausfahrt nach Pula, zuerst Richtung Medulin, dann Richtung Rt Kamenjak/Premantura, am Ortsbeginn von Premantura rechts auf die Umfahrungsstraße in den Naturpark Kamenjak abbiegen
Weglänge: 1,5 km
Höhenmeter: 45 m
Gehzeit: 1 Std.
Ausrüstung: Zumindest Sportschuhe, Badesachen, Schnorchel-Ausrüstung, Sonnenschutz
Tourencharakter: Kurze Rundwanderung, teils auf Schotter-, teils auf Naturwegen mit Badegelegenheit
Einkehr: Bar Pinižule am Parkplatz an der Pinižule-Bucht; Konoba Ancora in Premantura, Selo 144
Öffnungszeiten: Die Zahlstelle ist von 7–21 Uhr besetzt, Besucher müssen den geschützten Bereich bis 22 Uhr verlassen.
Preise: Der Eintritt pro Auto kostet 35 Kn
Informationen: www.kamenjak.hr, Tourist-Info Medulin Riviera: TZO Medulin, Brajdine 41, 52203 Medulin, www.medulinriviera.info/de/, Tel. +385/52/57 71 45

Ein riesiges Ammonitenmodell begrüßt den Besucher am Beginn des Dinosaurierpfades am Kamenjak.

zum Modell eines Ammoniten, einem Kopffüßler, der bis 2 Meter Durchmesser erreichen konnte. Die nächste Station zeigt uns Rudisten, deren fossile trichterförmigen Muscheln in den Kalkfelsen der Kamenjak-Ufer zu finden sind. Danach folgen zwei Dinosauriermodelle mit einer Beschreibung von Pflanzenfressern, so-

HAUS DER NATUR KAMENJAK

Das Haus der Natur Kamenjak in Premantura neben dem Glockenturm vermittelt bei freiem Eintritt Interessantes aus der Region: AQUARIUM, TERRARIUM, Schmetterlingsausstellung, Infos zur Pflanzenwelt und den Dinosauriern am Kap Kamenjak. Im Sommer geöffnet von 9–23 Uhr, im Winter von 7-15 Uhr.

Am Plateau begegnen wir einem Fleischfresser, ehe sich der Weg zur Meeresküste hinab senkt.

genannten Sauropoden. Bei einem großen Modell eines Fleischfressers (Theropoden) erreichen wir ein aussichtsreiches Plateau mit Rastbänken, von dem sich der Weg zum Meer absenkt. Im Untergrund treten verkarstete Felsen hervor. Beim Abstieg werden wir von einem Urhai im Gebüsch überrascht. Anhand fossiler Funde von Haizähnen bei Zagreb konnte man die Größe von unglaublichen 18 Metern rekonstruieren. Mit Blick auf die Bucht erreichen wir schließlich die mit einem Farbkreis mar-

Von den Fußabdrücken der Dinosaurier in den Felsplatten führt ein romantischer Weg die Küste entlang zur Pinižule-Bucht.

kierten DINOSAURIER-TRITTSPUREN auf den Gesteinsplatten der Felsküste. Die herrlich in Grün- und Blautönen schimmernden Meeresfarben verlocken zum SCHNORCHELN. Der Weg führt nun über Holzstege mit Seilen sehr romantisch oberhalb des Ufers bis zur Mitte der **Pinižule-Bucht** mit gröberen runden Kieseln im Wasser. Nach einem erfrischenden BADESTOPP wenden wir uns links aufwärts zu einem Waldparkplatz mit der Bar Pinižule, und dahinter auf breiter, staubiger Makadamstraße bis zu einer Verzweigung, wo Grako nach links weist. Vorbei an einem großen Ameisenmodell gelangen wir wieder zu unserem Parkplatz.

11 Bei den Klippenspringern von Kap Kamenjak

Abenteuerliches an Istriens Südspitze

An der atemberaubend schönen Felsküste der 3,4 Kilometer langen Halbinsel Kamenjak gibt es neben den reichen Naturschätzen des Naturparks zwei Attraktionen, die man gesehen haben sollte: die einzigartige Safari Bar und die Klippenspringer von Kap Kamenjak.

Abseits der Staubstraßen blühen im Frühjahr seltene Orchideenarten, außerdem bereichert eine Vielfalt an Schmetterlingen, Vögeln und Reptilien die Fauna am Land und im Meer zeigt sich seit 2005 immer öfter die seltene Mittelmeer-Mönchsrobbe. Noch am Rande des Parkplatzes gelegen, kündigt eine AUSSICHTSPLATTFORM AUF EINEM BAUM die nah ge-

Ausgangs-/ Endpunkt: Parkplatz am Ende der Kamenjak-Straße vor der Safari Bar
Anfahrt: Autobahnende A 9 nach Pula, zuerst Richtung Medulin, dann Richtung Rt Kamenjak/Premantura, am Ortsbeginn von Premantura rechts auf Umfahrungsstraße in den Naturpark Kamenjak abbiegen und nach Mauthütte am Hauptweg zur Safari Bar fahren
Weglänge: Runde über Bucht Debeljak ca. 3,5 km; mit Rückkehr ab Badebucht auf demselben Weg ca. 4 km
Höhenmeter: 55 m
Gehzeit: 2 Std.
Ausrüstung: Festes Schuhwerk, Sonnenschutz, ausreichend Wasser, Badesachen, Schnorchel-Ausrüstung
Tourencharakter: Küstenwanderung über Felsen, Erdwege und Staubstraßen
Einkehr: Safari Bar, geöffnet von Ostern bis Mitte Oktober 10–22 Uhr, Juli und August ab 9 Uhr; u.a. selbstgemachte Zitronenlimonade, Ćevapčići, Gyros-Sandwich, Sardinen vom Grill, geräucherter Schinken mit Käse
Öffnungszeiten: Die Zahlstelle ist von 7–21 Uhr besetzt, Besucher müssen den geschützten Bereich bis 22 Uhr verlassen.
Preise: Der Eintritt pro Auto kostet 35 Kn
Informationen: www.kamenjak.hr, Tourist-Info Medulin Riviera: TZO Medulin, Brajdine 41, 52203 Medulin, www.medulinriviera.info/de/, Tel. +385/52/57 71 45

legene **Safari Bar** an. Dieser Ort wird Kindern und Erwachsenen gefallen, denn die Safari Bar sieht man erst, wenn man sich auf verschlungenen, LABYRINTHARTIGEN PFADEN durch Schilfbestände gekämpft hat. Dazwischen und davor trifft man überraschend auf originelle SPIELGERÄTE sowie individuelle, kleine PAVILLONS und Sitzgruppen aus Bambus und Schilfrohr mit Bodenbelag aus Stroh. Fundstücke aus dem Meer bilden die originelle Dekoration. Eine sehr ungewöhnliche Location. Gleich schräg unterhalb befindet sich die tief eingeschnittene
Felsbucht Mala

Die Safari Bar oberhalb der Felsbucht Mala Kolombarica – eine Attraktion für kleine und große Besucher am Kamenjak

Kolombarica, in der die **Klippenspringer** um den schönsten Sprung wetteifern. Dass aber der Mut zum Risiko nicht immer belohnt wird, musste ich selbst miterleben, als ein Bursche beim Rückwärtssalto hart auf die Felsen aufprallte. Bitte nicht nachmachen! Östlich an die Klippenbucht – links im Sinne unserer Wanderroute – schließt ein überhängender Felsen an, an dessen Fuß man über felsbandartigen Platten ans Meer gelangen kann. Ein herrlicher Ort zum SCHNORCHELN. 300 Meter weiter östlich folgt die Bucht Velika Kolombarica mit einem ähnlich tiefen Klippeneinschnitt. Die Felsen, die sich von dort ostseitig fortsetzen, bergen eine BLAUE GROTTE, die man entlang des Felsufers schwimmend erreichen kann, sofern kein Wellengang besteht. Nach oben zu klafft ein Loch, das rundherum mit einem Seil abgesichert ist. In unmittelbarer Nähe der Grotte zieht ein vom Festland abgetrennter, haushoher Felsblock unsere Blicke magisch an. Man könnte fast meinen, Istrien stellt hier die schönsten Landschaften zur Schau, um zu beweisen, dass Felsstrände schöner als Sandstrände sind. Auf küstennahen Pfaden nähern wir uns einem weiteren, tiefen Felseinschnitt (Sveti Mikula-Bucht), jedoch diesmal mit niedrigeren Klippen. Nahe des Buchtendes führt ein Weg in einem Linksbogen durch Macchia mit Ginster -und Wacholderbeständen auf die niedrige Hochfläche. Ein kreuzender Weg führt rechts zum Kap Rt Kamenjak. Wir aber halten uns geradeaus, dann biegt der Weg nach links,

Waghalsige Sprünge der Klippenspringer kann man an der Felsbucht Mala Kolombarica mitverfolgen.

Oben: Farbenrausch an der Felsküste im Süden des Kamenjaks, die zum Schnorcheln verleitet.

mündet wieder in einen von links kommenden Weg, dem wir kurz in Richtung des Kaps Rt Franina folgen. Nur 23 Meter danach biegen wir links ab und kommen so in einem Rechtsbogen an eine wunderschöne türkisfarbene **Badebucht** mit Feinkies im Wasser. Nun kommen auch all diejenigen auf ihre Kosten, die FLACHERE BADESTELLEN lieben. Nach einem ausgiebigen Bad haben wir die Wahl: Der kürzeste Weg zum Auto führt über die populäre, aber auch überlaufene Bucht Debeljak und zuletzt über stark befahrene Staubstraßen. Die zweite Option: die Rückkehr über dieselben Wege, landschaftlich schöner und nur um 500 Meter länger zu gehen. Die dritte Option wäre, jemand opfert sich für den Rückweg über die Staubstraßen und bringt das Auto zum Parkplatz in der Debeljakbucht. Für den Weg zur Debeljakbucht folgt man dem schönen, etwas erhöht verlaufenden Uferweg in nordwestlicher Richtung bis zum Parkplatz, wo man entlang der staubigen Zufahrtsstraße zurückwandern muss. Bei der ersten Querung wenden wir uns nach links immer in Richtung des Hügels, den wir schließlich bei einer runden, betonierten AUSSICHTSTERRASSE (Vidikovac) erreichen. Bei guten Sichtverhältnissen kann man östlich den Televringipfel der Insel Lošinj erkennen und dahinter den Velebit. Nördlich zeigt sich das Učkagebirge. Südwestlich fallen vor allem der 31 Meter hohe Leuchtturm Porer und die Insel Fenoliga auf, die trotz der Nähe zum Festland wegen gefährlicher Meeresströmungen für Schwimmer unerreichbar bleibt. Ein paar Schritte in südwestlicher Richtung liegt schließlich unser Parkplatz.

12 Im Glavani Park

Spaß und Action in luftigen Höhen

Den besten Hochseilgarten Istriens verlässt kaum ein Besucher ohne ein Lächeln im Gesicht. Wer seine Höhenängste überwindet, dem sind reichlich Adrenalin, Glücksgefühle und gestärktes Selbstvertrauen sicher. Und das gilt unabhängig vom Alter.

Wer mutig ist, wird an der 3G Monster Schaukel seinen Spaß haben!

Nach fachkundiger Instruktion und Einweisung in die Sicherungstechniken kann das Abenteuer unter und zwischen den Baumkronen beginnen: Ausgerüstet mit Helm, Klettergurten und Karabinern stehen je nach Schwierigkeit drei verschiedene KLETTERROUTEN zur Verfügung. Wir starten mit der **gelben Strecke**, die in zwei Metern Höhe verläuft. Später dürfen wir die **blaue Variante** in

Ausgangs-/ Endpunkt: Gebührenfreier Parkplatz in Glavani
Anfahrt: Glavani liegt an der Straße von Vodnjan nach Barban, der Glavani Park ist ausgeschildert
Ausrüstung: Sportschuhe
Altersempfehlung: Ab etwa 5 Jahre
Einkehr: Getränke-Bar sowie Möglichkeit zur Inanspruchnahme eines Pizza-Lieferservices
Öffnungszeiten: Täglich 9–20 Uhr
Preise: Gelb/blau: 100 Kn für Erwachsene, 50 Kn für Kinder (unter 10 Jahre); gelb/blau/schwarz: 120 Kn für Erwachsene, 60 Kn für Kinder; Seilrutsche: 40 Kn; 3G-Monster-Schaukel: 40 Kn; Abenteuer-Brücke: 60 Kn; komplettes Programm: 230 Kn für Erwachsene, 170 Kn für Kinder, Zorb Ball 50 Kn für eine Person
Informationen: www.glavanipark.com, Tel. +385/918/96 45 25

Kleineren Abenteurern steht im Glavani Park geschultes Personal zur Seite.

sechs Metern Höhe über dem Boden versuchen oder zusätzlich noch die **schwarze Route** in zehn Metern Höhe bewältigen. Sollten dabei unüberwindbare Ängste aufkommen, steht sofort das geschulte Personal hilfreich zur Seite. Hat man alle Passagen überwunden, folgt am Ende der blauen und schwarzen Strecke eine 113 Meter lange SEILRUTSCHE. Besonderen Spaß garantiert die **3G-Monster-Schaukel**: Unerschrockene Gäste werden dabei auf 11 Meter Höhe gezogen und dürfen 3G-Fliehkräfte beim SCHAUKELN erleben. Die schwierigste Route befindet sich über einem kleinen Tal 12 bis 20 Meter über dem Boden und nennt sich **Devil's Course**. Auf dieser ABENTEUER-HÄNGEBRÜCKE sind unter anderem drei Seilrutschen, drei verrückte Brücken und eine 35 Meter lange Strecke mit einem Monobike zu bewältigen. Als neuere Attraktion wird ein Ritt im Zorb Ball angeboten: Mutige Abenteurer besteigen das Innere eines luftgepolsterten Plastikballes und kugeln über das Gelände. Die kleinen Gäste freuen sich sicherlich auch auf den Spielplatz und die frei herumlaufenden Ziegen.

13 Im Volkskundemuseum von Labin

Ein Museum als Bergwerk

Labin, dessen Altstadt einen wunderbaren Blick auf das Meer und das markante Učkagebirge gestattet, zählt zu den schönsten Hügelstädten in Istrien. Der ahnungslose Tourist vermutet aber kaum, dass das Städtchen von einem Netz unterirdischer Bergwerksstollen unterminiert ist.

Einst war die Altstadt wegen der Minen sogar einsturzgefährdet, doch die Gefahr konnte gebannt werden. Im Volkskundemuseum erhält man Einblicke, wie es im Innern des Berges aussieht. Um dorthin zu gelangen, gehen wir die Straße zurück zum Hauptplatz Titov trg. Dort wenden wir uns gleich

Ausgangs-/ Endpunkt: Großparkplatz an der Ulica Sveta Katarina, südlich der Altstadt von Labin, 5 Kn pro Std.
Anfahrt: Die Anreise aus Westen und Süden erfolgt am besten über Barban und Raša, im ersten Kreisverkehr die zweite Ausfahrt nehmen, danach Richtung Stari Grad fahren, den Hauptplatz von Labin überqueren und etwa 180 m danach rechts auf dem Großparkplatz einparken; Busverbindungen über Pula, www.autobusni-kolodvor.com
Weglänge: 1,25 km
Höhenmeter: 70 m
Gehzeit: 1,5 Std.
Ausrüstung: Sportschuhe, feste Halbschuhe, eventuell Sonnenschutz
Tourencharakter: Rundwanderung auf befestigten Wegen, im Museums-Bergwerk auch Schotter und Erdpfade
Einkehr: Pizzeria Napoli am Titov trg
Öffnungszeiten: Volksmuseum von Labin: April und Mai 10–14 Uhr, Juni und September 10–13, 17–20 Uhr, Juli und August 10–13, 18–22 Uhr
Preise: 15 Kn für Erwachsene, 10 Kn für Kinder unter 16 Jahre, St. Justus Glockenturm: 7 Kn für Erwachsene, 3 Kn für Kinder
Informationen: Tourismusverband Labin-Rabac, www.rabac-labin.com, Tel. +385/52/85 55 60

zur **runden Bastion** mit KANONE. Gegenüber betreten wir die Altstadt durch das **St. Flortor** (1587) und kommen zum **Kleinen Theater**. Links führt nun die Ulica 1. maja hinauf zur dreischiffigen **Marien-Pfarrkirche** (1336), die von bunten venezianischen Hausfassaden umgeben ist. Im **Barockpalast Battiala-Lazzarini** auf der rechten Seite ist das **Volkskundemuseum von Labin** untergebracht. Innen erreichen wir über eine Treppe Räumlichkeiten, welche die geschichtliche Entwicklung von Labin dokumentieren – von ersten steinzeitlichen Spuren, die erste urkundliche Erwähnung als Albona im Jahre 245 n. Chr. bis hin zur Zeit unter jugoslawischer Verwaltung. In den mittleren Räumen erfahren wir Details zu den Themen Kohle und Bergwerk sowie die von den Bergarbeitern ausgerufene Republik Labin, die nach einem fünf Wochen dauernden Bergwerksstreik im Jahr 1921 gewaltsam beendet wurde. Ein Bereich ist traditionellen Musikinstrumenten gewidmet, deren KLÄNGE man AUF

Traditionelle Musikinstrumente im Volkskundemuseum

Oben: Blick aufs Meer vom Glockenturm

KNOPFDRUCK abrufen kann. Im **oberen Stockwerk** werden wir über die Wasserversorgung der Stadt informiert, sowie über Renaissance- und Barockarchitektur in Labin. In der Mitte erfahren wir Details zu Rokoko-Möbelstücken und links gelangen wir in eine Galerie. Doch das Beste kommt noch: Wir gehen wieder hinunter und betreten links von einer Statue den EINGANG INS BERGWERK. Über einige Stufen gelangen wir zu einem abwärts führenden TUNNEL, akustisch begleitet von BERGWERKSGERÄUSCHEN. Nach zwei Förderwägen steigen wir eine steile Treppe hinauf und folgen den Schienen entlang, zuletzt sehr niedrig (Vorsicht mit dem Kopf!), an Förderanlagen vorbei und hinaus zum Ausgang, wo das Produkt der Schürfarbeiten, ein Steinkohleflöz, zu besichtigen ist. Nach diesem ungewöhnlichen Museumsbesuch bietet sich ein kleiner Rundgang durch die Altstadt an.

WANDERUNG

Im Frühjahr oder nach einem Gewitterregen lohnt die Wanderung neben dem Bach Pećina hinunter nach Rabac. Die streckenweise felsige Landschaft überrascht mit QUELLGROTTEN, WASSERFÄLLEN, einem KURZKLETTERSTEIG über Wasserwannen und einem versteckten idyllischen SEE. Zurück geht es dann mit dem Bus.

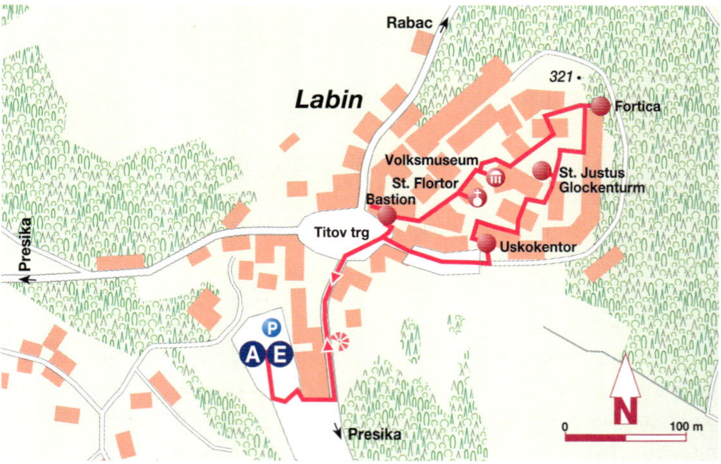

Das ungewöhnliche Volkskundemuseum führt unter anderem durch einen Bergwerksstollen.

Folgt man der Ulica 1.maja weiter hinauf bis ans Ende, so gelangt man in der Nähe zum AUSSICHTSPLATZ **Fortica** mit einer KANONE und einem Fernrohr. Tief unterhalb öffnet sich der Blick auf die Meeresbucht von Rabac. Einen ähnlichen Blickwinkel – aber über malerische Altstadtdächer hinweg – schenkt der 33 Meter hohe GLOCKENTURM **des Hl. Justus**, der im Jahre 1623 an Stelle einer Kirche errichtet wurde. Die Gasse am Turm mündet in die Ulica Mate Poldrugovca. Von hier suchen wir uns einen Durchgang durch das Gassengewirr, um zum **Uskokentor** ans untere Ende der Altstadt auf die San Marco Promenade zu kommen. Rechts gelangen wir zum Hauptplatz Titov trg. und dann auf bekannten Wegen zum Parkplatz zurück.

14 Von Mala Učka auf den Vojakgipfel

Bergwanderung zum Dach Istriens

Gipfelstürmerin auf dem historischen Aussichtsturm am Vojak

Als höchster Gipfel Istriens ist der Vojak Wind und Wetter ausgesetzt. Bei klarer Sicht erschließt sich jedoch vom 1401 Meter hohen Berggipfel ein Panorama, das nicht nur die Halbinsel Istrien einschließt, sondern sogar Venedig, Triest und die Alpen.

Die hier empfohlene Route über das Dorf Mala Učka wird seltener als der

Ausgangs-/ Endpunkt: Bergdorf Mala Učka
Anfahrt: Aus Istrien über Autobahn A 8 in Richtung Rijeka, vor dem Učka Tunnel und nach der Zahlstelle rechts Richtung Vela Učka abbiegen, nach der Ortstafel Učka rechts Richtung Mala Učka abbiegen, dem Asphaltweg folgen, zuletzt noch 1,7 km auf der Makadamstraße; viele Touristen fahren mit dem Auto westlich vom Poklon-Pass eine schmale Straße bis zum kleinen Parkplatz unterhalb des Aussichtsturmes hoch. Offiziell ist die Benutzung der Straße jedoch verboten, auch wenn die Schranke meistens offen steht (Fahrverbot).
Weglänge: 5,5 km
Höhenmeter: 410 m
Gehzeit: 2,5 Std.
Ausrüstung: Bergschuhe, Sonnenschutz, ausreichend Wasser und Proviant
Tourencharakter: Bergtour auf erdigen und steinigen, teils gerölligen, teils steilen Steigen
Altersempfehlung: Ab 6 Jahre
Einkehr: Restaurant Dopolavoro am Poklon Pass, Ičići, Učka 9, geöffnet 12–23 Uhr
Informationen: www.pp-ucka.hr/en

Hausruine in Mala Učka, der höchstgelegenen Siedlung in Istrien, auf ca. 990 Meter Seehöhe unter den Hängen des Učka-Gebirges

Aufstieg über den Poklonsattel begangen, überrascht aber mit alpin anmutender Landschaft und herrlichen WIESENMATTEN. Wir starten unsere Wanderung in der malerischen, höchstgelegenen Siedlung Istriens. Zwischen HAUSRUINEN und intakten Gebäuden folgen wir dem Zufahrtsweg bis zum letzten Haus links, wo uns Wegweiser nach links führen. Über einen Steg gelangen wir hinauf in den Wald, wo wir sogleich von einer knorrigen Buche begrüßt werden. Der anfangs steile Pfad entwickelt sich zu einem guten, bestens markierten Weg, der abwechslungsreich neben Felsen entlangführt. Später folgt wieder ein steilerer Abschnitt, an dem wir in lichter Vegetation erste DURCHBLICKE ZUM MEER der Kvarner Bucht genießen. Dann schließt sich eine steile, einförmige Passage durch dichten Buchenwald an. In diesem Teilstück gilt es, unsere jungen Mitstreiter mit Wortspielen und dergleichen abzulenken. Nachdem der Weg in nördliche Richtung schwenkt, haben wir eine felsige, aber unschwierige Stelle mithilfe unserer Hände zu bewältigen. Der Wald tritt zurück und mit jedem Schritt wird der Ausblick auf das Meer mit den Inseln Cres und Lošinj sowie den

Sisol im weiteren Kammverlauf immer großartiger. Am nunmehr flachen Weg in den Sattel Sedlo tritt der felsige Vorgipfel des Vojak in den Vordergrund. Vor uns öffnet sich eine fast alpine Landschaft mit Wiesenmatten, Kalkfelsen und einem gerölligen Steig, über den wir den Gipfelhang zum Vojak bezwingen. Erst spät erblicken wir den AUSSICHTSTURM am Vojak, der unter der österreichisch-ungarischen Monarchie im Jahre 1911 errichtet wurde. In dessen Untergeschoss sind ein Souvenirladen und die Infostelle des Naturparks Učka untergebracht. Oben an der Plattform des Turmes helfen ein Münzfernrohr und in Stein gravierte Skizzen das weitreichende Panorama zu studieren. Die Rundsicht beinhaltet Orte wie Rijeka, Triest und Motovun. Aufschlussreich zeigt sich die Bergwelt von Gorski Kotar und dem Velebit, aber auch die gesamte Inselwelt der Kvarner Bucht. Nach einer Stärkung treten wir den Abstieg an. Zunächst gehen wir denselben Weg hinab zum Sedlo. Blickt man vom Sattel zurück, so sieht man unterhalb links einen schmalen Steig, der die Fels- und Geröllhänge des Vojak quert. Die Aufschrift Poklon ist in roter Farbe auf einem Stein erkennbar. Der zunächst recht schöne, höhenwegartige Wald-

SCHAFS- UND ZIEGENKÄSE

Früher hatte Mala Učka über 130 Einwohner. Nach dem Zweiten Weltkrieg wurde es von seinen Bewohnern verlassen. Heute leben hier nur mehr Schafhirten während des Sommers. Am Ende des kleinen Dorfes kann man exzellenten Schafs- und Ziegenkäse im Haus der Familie Maliki kaufen.

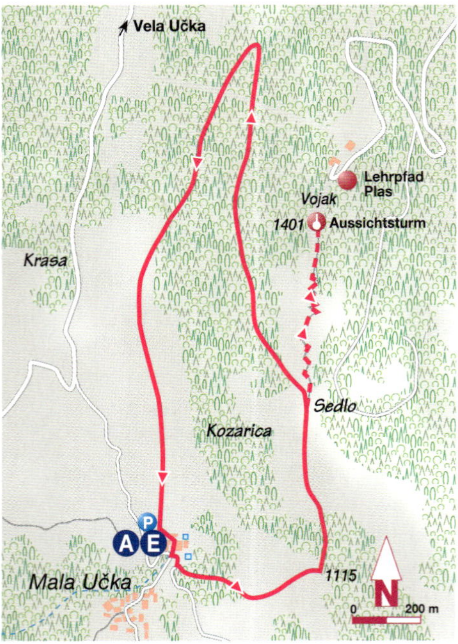

Alpine Wiesenmatten geben am Vorgipfel des Vojaks den Blick aufs Meer und die istrische Ostküste frei.

weg wurde leider anschließend mit einer groben Steinrollierung trassiert. Sobald die Hänge nach unten flacher werden, folgt eine Wegverzweigung. Bei der Kehre verlassen wir den markierten Wegverlauf nach links hinunter, wo ein besserer Weg anschließt. Auffallend vollzieht sich in diesem Abschnitt der Übergang in einen Kieferwald. Zwei Abzweigungen bleiben unbeachtet, sodass wir in Kürze die weiten Wiesenflächen vor Mala Učka erreichen. Diese überqueren wir parallel zum Waldrand in südlicher Richtung, bis wir die Häuser des Dorfes erreichen.

15 Am Rundweg durch den Vela Draga Canyon

Abenteuerlicher Lehrpfad durch das Reich der Kletterer

An der Westflanke des Učkagebirges liegt die Felsschlucht Vela Draga, welche im Jahr 1998 zum geomorphologischen Naturdenkmal ernannt wurde. Ein Lehrpfad führt seit 2004 mit 15 Stationen auf den Spuren der Kletterer durch die Wildnis mit ihren Felsnadeln und Türmen.

Zwischen niedrigen Föhren und Gräsern schlängelt sich der bequeme Weg zur ersten Station »Geologische Phänomene«, die sich der Entstehung des Kalkgesteins widmet, aus dem sich der Učka-Gebirgszug aufbaut. Wir durchschreiten nun einen niedrigen mediterranen Eichenwald mit Wacholderbeständen und kommen bei einer Sitzbank zur zweiten Station »Wie ist der Berg Učka entstanden?« Die INFOTAFELN veranschaulichen mit kindgerechten ILLUSTRATIONEN die Plattentektonik auf einfache Weise. Über Felsplatten, Steine und Erde führt der Weg zur dritten Infotafel über Verkarstungserscheinungen, wo wir erstmals die glatte Felsmauer jenseits des

Ausgangs-/ Endpunkt: Parkplatz Vela Draga
Anfahrt: Aus Istrien über Autobahn A 8 in Richtung Rijeka, vor dem Učka-Tunnel rechts, danach links abbiegen; aus Richtung Rijeka kommend, nach dem Učka-Tunnel rechts abbiegen, danach links, in beiden Fällen nach wenigen hundert Metern links parken
Weglänge: 2,25 km
Höhenmeter: 185 m
Gehzeit: 1–2 Std., je nach Interesse und Sportlichkeit
Ausrüstung: Festes Schuhwerk, Bergschuhe, Sonnenschutz, ausreichend Wasser und Proviant
Tourencharakter: Anfangs fast eben, dann steiler Ab-, und Aufstieg über Felsen und Geröll, was einen gewissen Grad an Sportlichkeit voraussetzt; Trittsicherheit, teilweise Schwindelfreiheit erforderlich; nicht kinderwagengeeignet
Altersempfehlung: Ab 6 Jahre
Einkehr: Unterwegs keinerlei Einkehrmöglichkeit, Selbstverpflegung erforderlich

Taleinschnittes erblicken. Im Hintergrund grüßt der Vojakgipfel herunter. Wir folgen den Markierungen entlang des Plateaus zur Station 4 »Emilio Comici«. Gleich daneben können wir auf Tafel 5 Infos zur Vogelwelt im Gebiet nachlesen. Bei der nachfolgenden Station 6 »Fossilien« lernen wir Details über Nummuliten, die an charakteristischen Strukturen im Fels erkennbar sind. Die Lehrtafel 7 legt uns die Notrufnummer 112 des Bergrettungsdienstes Kroatiens ans Herz. Die nächsten beiden Stationen widmen sich der Alpinistik und Vegetation des Gebietes. Danach erreichen wir eine AUSSICHTSPLATTFORM mit Traumblick auf die FELSRECKEN des Vela Draga. Steil geht es nun abwärts zu einem Rastplatz. Gleich unterhalb muss man beim Abstieg über eine Rinne zwischen zwei Felswänden die Hände zur Hilfe nehmen. Baumstämme spenden uns hilfreichen Halt. Danach gelangen wir auf ein Geröllfeld mit Station 10: »Was ist eine Sportkletterroute?« Nach kurzem Abstieg und Gegenanstieg nach links nähern wir uns dem **Gro-**

Die Rückkehr (von der Vela Draga-Schlucht) zur Aussichtsplattform erfolgt auf einem alpinen Steig.

ßen Turm, dem Veliki Toranj, dem wohl größten Blickfang des Gebietes. Vorher treffen wir noch auf die Station 11, die uns die Entstehung von Gehängeschutt erklärt. Dann stehen wir bei einer Sitzbank direkt unter dem Großen Turm. Von dort folgen wir nicht den irreführenden Steigspuren über das Geröll, sondern steigen links in die Felsgasse zwischen Turm und oberhalb liegenden Wänden ab. Der nach unten zu besser werdende Steig umrundet nun die Ost- und Südwände des Großen Turmes. Über eine niedrige Wandstufe gelangen wir auf ein breites Felsband mit einer kleinen FELSGROTTE dahinter. Wir folgen dem Felsband und gelangen über den abgestuften Wandsockel wieder zum Wandfuß zu einer Sitzbank mit der Station 13 »Fossilien«. In Richtung Bahndamm erklimmen wir die Schienenhöhe über Blockschutt aufwärts. Rechts neben der Tunnelröhre der Bahn führen Stufen hinauf. Wir erreichen nun den Sockel der **Kerze**, einem besonders filigranen Felsgebilde. Die Station 14 liegt umgeben von einem Kranz an abenteuerlich geformten Felsspitzen. Die Infotafel widmet sich »Schacht und Kerze«. Der sogenannte **Schacht** befindet sich knapp hinter der Station 15 und wird durch ein SPALTARTIGES LOCH in einem aufrecht stehenden Felsen gekennzeichnet. Hier müssen wir hindurch! Zur Überwindung dieser Stelle hilft uns ein eiserner Griff im Felsen. Dahinter gelangen wir auf das Schuttfeld, das wir bereits nach der ersten Rinne überschritten haben. Der restliche, sportliche Aufstieg führt uns über den schmalen Felseinschnitt hinauf zur Sitzbank und danach über die Aussichtskanzel zum Plateaurand, über den wir bequem zum Parkplatz zurückkehren.

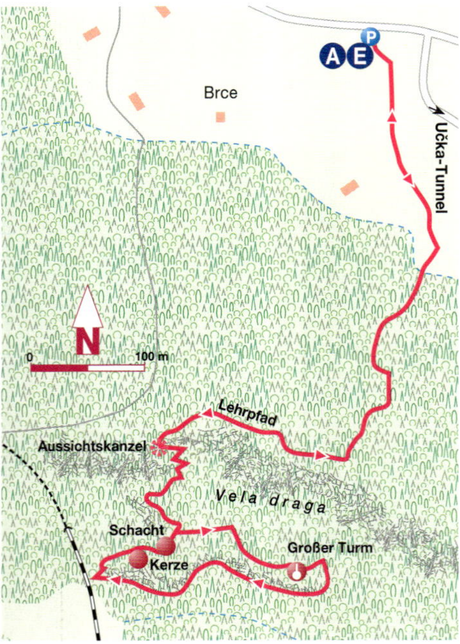

Die Kerze – eine der kühnen Felsnadeln in der Schlucht Vela Draga

Schlechtwettertipps

16 Aquarium von Umag

Mit künstlerisch gestaltetem Portal, an dem ein farbenprächtiges Mosaik mit Fischen zu sehen ist, lockt das Aquarium von Umag interessierte Besucher. In klimatisierten Räumen sind in 29 BECKEN ca. 55 Fischarten des Mittelmeeres und exotischer Gewässer untergebracht. Das unterhalb einer Einkaufspassage liegende Aquarium stellt einen repräsentativen Querschnitt durch die Flora und Fauna des Mittelmeeres sowie exotischer Gewässer zur Schau. Unter den zahlreich vertretenen Fischarten begegnen wir einem schön gezeichneten Beutelbarsch, einer Riesengrundel, Krake und Languste sowie verschiedenen Brassen und einem Drachenkopf. Natürlich dürfen auch die klassischen Mittelmeerarten wie Meeraal, Seepferdchen, Katzenhai und Muräne nicht fehlen. Daneben treffen wir auf kleine, eigentlich ganz lieb wirkende Piranhas und andere exotische Süßwasserfische wie Guppy, Saugmaulwels und Saugschmerle. Ein SOUVENIRSHOP rundet das Angebot im Aquarium ab. Will man nach der Besichtigung seinen Hunger stillen, so findet man am südlichen Altstadtrand von Umag entlang der Obala Sv. Pelegrina zahlreiche Konobas stimmungsvoll am Meer gelegen. EISDIELEN gibt es in der mittleren Altstadtgasse Ulica Garibaldi. Aquarium Umag, Ulica 1.Svibnja bb1, 52470 Umag; weitere Informationen: www.aquarium-travel.com

Mit versteinerter Miene: ein Drachenkopf

Das künstlerisch gestaltete Portal des Aquariums Umag sorgt für Beachtung.

Oben: Die elegante Seeanemone kann ihr Nesselgift mit 40.000-facher Erdbeschleunigung abschießen – die schnellste in der Natur jemals gemessene Bewegung.

17 Die Marmorhöhle Mramornica bei Brtonigla

Unweit von Brtonigla-Verteneglio, beim Anwesen Drušković, liegt der Zugang zu einer der größten unterirdischen Hallen in Istrien mit bis zu 13 Meter hohen TROPFSTEINEN. Die erste Erwähnung der Grotte erfolgte bereits im Jahre 1770 durch den Reiseschriftsteller Albert Fortis. Gut ausgebaute Wege führen im Rahmen einer 30-minütigen Führung über eine Treppe in den Großen Saal, von dem man die unzugänglichen Teile der Höhle überblickt. Štancija Drušković 20, Brtonigla; weitere Informationen: www.agroturizamsterle.hr

Tropfsteinschmuck in der Marmorhöhle

Im Gegensatz zum Hummer verfügt die Languste über keine Scheren.

18 Aquarium von Poreč

In 24 BECKEN sind hier annähernd 80 Vertreter der Flora und Fauna des Adriaraumes untergebracht, mit etwa 35 verschiedenen Fischarten. Auf exotische Fische, wie in Umag, wurde hier verzichtet. In den klimatisierten Räumen des Aquariums sind unter anderem eine Seespinne, eine schöne Seeanemone, Aale, Hummer und verschiedene Barsche und Brassen zu sehen. Auch die Klassiker wie großgefleckte Katzenhaie, Muränen, Drachenköpfe, ein großer Zackenbarsch sind vertreten. Am Ausgang befindet sich ein Terrarium mit einem großen Leguan. Die Besichtigung lässt sich wunderbar mit einem Rundgang durch die schöne Altstadt von Poreč verbinden. An der Ecke Decumanus/F. Glavinića gibt es sehr gut sortierte EISDIELEN wie den Eissalon Edit oder die Konditorei Fontana. Aquarium Poreč, Ulica Frane Glavinića 4a (Seitengasse der Decumanus), Poreč; weitere Informationen: www. aquarium-travel.com

WEITERE TIPPS

1 Höhle Baredine
8 Grotte Königreich von Feštini
9 Aquarium Pula
13 Volkskundemuseum von Labin

Was Sie trotz Kindern gesehen haben müssen

Kinder empfinden Einkaufen oder Stadtbesichtigungen oft als langweilig. Ein Eis, eine Pizzaschnitte oder eine Cola können da oft Wunder wirken.

19 Altstadt Poreč mit UNESCO-Kulturerbe

Obwohl es in der Touristenhochburg Poreč vieles zu entdecken gibt, ragt eine Sehenswürdigkeit besonders heraus: Als eines der besterhaltenen frühchristlich-byzantinischen Bauwerke der Welt stellt die berühmte **Euphrasius-Basilika** ein Highlight von Weltrang dar. Die Besichtigung des früh-

Blick vom Glockenturm der Euphrasius-Basilika über die Altstadt von Poreč

Auf der Ulica Decumanus durch die Altstadt von Poreč

byzantinischen Kirchenkomplexes aus dem sechsten Jahrhundert umfasst das Atrium mit Kreuzgang, die Taufkapelle und den 35 Meter hohen GLOCKENTURM (1522) mit herrlichem AUSBLICK. Im Bischofspalast entdecken wir das Fischmosaik als Symbol für Jesus Christus und das Christentum. Es stammt aus der Zeit der Christenverfolgung. Oratorium, Gedächtniskapelle und die Basilika beeindrucken mit alten Mosaiken. Ein Streifzug durch die Altstadt sollte die zentrale Gasse der Altstadt, die Ulica Decumanus, mit **fünfeckigem Turm** (1447), **Romanischem Haus** und dem ältesten Platz aus römischer Zeit, den Trg Marafor, mit einschließen. Nordöstlich der Altstadt erfreut ein großer RUMMELPLATZ Kinderherzen.

20 Altstadt Rovinj mit Glockenturm

Keine der Altstädte Istriens ist so schön und homogen erhalten geblieben wie das pittoreske Städtchen Rovinj, das 1963 zum Kulturdenkmal erklärt wurde. Wahrzeichen ist die **Kirche St. Euphemia**, die mit einer LEGENDE verbunden ist. Versteckt im rechten Seitenflügel hinter dem Altar der Pfarrkirche verbirgt sich der STEINSARKOPHAG der Hl. Euphemia, der im Jahre 800 von Konstantinopel nach Rovinj über das Meer geschwommen sein soll. Davor war Euphemia aus Chalcedon in den Harem eines türkischen Sultans entführt worden, wo sie sich verweigert hatte. Sie wurde den wilden Tieren zum Fraß vorgeworfen, die ihr nichts zuleide taten. Daraufhin wurde sie erdolcht. Zu den absoluten Highlights in Rovinj zählt das PANORAMA vom 60 Meter hohen GLOCKENTURM. Die Gasse Grisia ist bekannt für ihre Galerien und Ateliers. Vom **Balbi-Bogen** zu Füßen der Altstadt gelangt man zur südlichen Hafenpromenade, an der AUSFLUGSBOOTE, Bars, Konobas und EISDIELEN um die Gunst der Touristen werben. In der Nähe der Obst- und Gemüsestände des **Stadtmarktes** am Trg Valdibora finden Kinder einen bunten SPIELPLATZ MIT KLETTERRÖHREN.

Die Altstadt von Rovinj vom Hafen Valdibora gesehen

Oben: Ausflugsboot am südlichen Hafen von Rovinj

21 Amphitheater von Pula

In der sechstgrößten römischen Arena der Welt, die aus der Zeit des Kaisers Vespasian stammt, fanden einst Gladiatorenkämpfe vor 20 000 Zuschauern statt. Heute wird das Wahrzeichen Pulas für Filmfestivals und Konzerte genutzt. Die Ausmaße des Amphitheaters sind mit 130 mal 100 Metern äußerst beeindruckend. In den unterirdischen GLADIATORENRÄUMEN befindet sich eine Ausstellung mit antiken Mühlen, Pressen und Amphoren, die zur Herstellung von Öl und Wein erforderlich waren. Danach sollte man einen Streifzug durch die schöne Altstadt Pulas entlang der Ulica Sergijevaca unternehmen. Sehenswert sind der **Augustustempel** am Forum, das **Goldene Tor** mit Sergier-Triumphbogen aus dem 1. Jh. und das **Venezianische Kastell** auf dem Hügel über der Altstadt.

Das römische Amphitheater ist das Wahrzeichen der Stadt Pula.

Geheimtipp auf der Insel Cres –
die Bucht Meli

KVARNER BUCHT

Die Urlaubsregion Kvarner

Am gebührenpflichtigen Stadtstrand von Crikvenica liegt man auf Sand.

Im Gegensatz zu Istrien besitzt die Region Kvarner einen höheren Anteil an Gebirge und mit Cres, Losinj, Krk, Rab und Pag größere bewohnte touristische Inseln. Die landschaftliche Vielfalt ist ebenso an der höheren Anzahl von Nationalparks, Naturparks und strengen Naturreservaten ersichtlich.

Mit Lovran und Opatija gibt es in dieser Region mondäne Luftkurorte, die bereits zur Zeit der österreichisch-ungarischen Monarchie berühmt waren. Während die bereits zum Kvarner zählenden Orte an der oberen, östlichen Küste der istrischen Halbinsel noch im Schutz des Učkagebirges mit üppiger Vegetation begünstigt sind, weisen die Nordseiten der Inseln Krk, Rab und Pag jenseits des Velebit-Kanals fast vegetationslose Hänge auf. Der Grund für die Entstehung dieser regelrechten Mondlandschaften liegt in der Wind-Exponiertheit der Inseln. Die berüchtigte Bora, die im Kvarner Gebiet als kalter Fallwind vom Velebit zum Meer auftritt, erreicht nicht selten Böen um 200 km/h. Meistens verursachen die starken Winde ein Auflockern der Wolken, aber auch eine Salzverfrachtung feinster Partikel vom Meer zu den Inseln. Am Festland gilt die Stadt Senj als einer der am stärksten von der Bora heimgesuchten Orte.

Von Senj aus kämpften einst die Uskoken gegen die Türken und

Venezianer und gerieten dadurch ins Räderwerk der Geschichte. Im Mittelalter prägten die Fürsten von Krk, die später als Frankopanen auftraten, den Lauf der kroatischen Chroniken. Davor hinterließen die Römer ihre Spuren im Kvarner. Im Raum von Rijeka wurde der liburnische Limes bei Tarsatica zum wichtigen römischen Militärlager.
Heute ist Trsat durch sein Kastell und als berühmtester Wallfahrtsort Kroatiens bekannt. Die touristische Entwicklung wurde in der Kvarner ihren subtropischen Palmengärten einen eigenen Reiz verströmen. Auch Crikvenica hat eine mehr als 120-jährige Tourismustradition aufzuweisen. Die schönsten mediterranen Städte sind aber nicht am Festland zu finden: Die wunderbaren Städte Rab, Krk, Cres, Mali und Veli Losinj liegen alle auf den Inseln und stellen wahre Touristenmagnete dar. Unter dem Velebitgebirge gibt es dagegen noch ursprünglich gebliebene, unbekannte Fischerorte, die ohne große touristische Infrastruk-

Einen der schönsten Feinkiesstrände der Insel Cres findet man beim Campingplatz Kovačine nahe der Stadt Cres.

Bucht bereits unter der Herrschaft der Habsburger gefördert. Vor allem in Lovran und Opatija entstanden herrschaftliche Villen, die heute mit tur geblieben sind. Waren in der Region Istrien noch kaum Sandstrände zu finden, so findet man hier bereits viele schöne Sandstrände.

Die schönsten Strände

Der beliebte Strand Vela plaža bei Baška zählt zu den schönsten Sand/Kies-Stränden der Insel Krk.

Da in Kroatien mehrheitlich Kies- und Felsstrände vorherrschen, gilt diese Tatsache natürlich auch für die Region Kvarner. Im Vergleich zu Istrien sind hier Sandstrände jedoch etwas häufiger anzutreffen. An der Ostküste der istrischen Halbinsel kann man als guten Kiesstrand mit Naturschatten und einer Café-Bar den Strand Peharovo Beach in Lovran empfehlen, der am besten mit dem Bus erreichbar ist, denn Parkplätze sind hier Mangelware. Einen der besten Feinkiesstrände auf der Insel Cres findet man am Kovačine Beach des Autocamps Kovačine nordwestlich der Stadt Cres. Ebenfalls auf der Insel Cres, aber versteckt und mit dem Auto nur umständlich über eine Staubstraße zu erreichen, ist die traumhaft schöne, völlig naturbelassene Doppelbucht Meli östlich der Siedlung Punta Kriza. Während sich am sehr flach abfallenden Meeresboden feinster Sand befindet, besteht die Ufereinfassung aus scharfkantigem Karstgestein – egal, liegen kann man auch im Wasser. Einer der besten und schönsten Feinkiesstrände der Insel Losinj liegt in der Bucht Sunčana, die auch Veli žal genannt wird. Am Festland zählt der gebührenpflichtige Stadtstrand von Crikvenica zu den besten Badestränden mit Anteil an sandigem Meeresgrund, aber auch guter Infrastruktur. 20 Kilometer östlich von Senj badet man in der Bucht von Lukovo unter den Felshängen des Velebitgebirges. Der schöne Kiesstrand verfügt auch über einen Sandanteil. Der bekannteste Kiesstrand der Insel Krk befindet sich in der Bucht von Baška: Der Vela plaža verfügt auch über sandige Abschnitte und eine gute Infrastruktur. In der flachen Sandbucht Meline kann man sich mit Heilschlamm beschmieren – eine lustige Abwechslung auch für Kinder. Rund um Lopar auf der Insel Rab hat man die Wahl zwischen 22 Sandstränden – die meisten naturbelassen bzw. ohne Infrastruktur. Der Paradiesstrand Rajska plaža dagegen zählt vermutlich zu den berühmtesten Stränden ganz Kroatiens und ist mit allem ausgestattet, was ein Kroatienurlauber benötigt.

Der kinderfreundliche Paradiesstrand bei Lopar ist der bekannteste Sandstrand der Insel Rab.

Oben: Die klaren Meeresstrände Kroatiens sind ein Paradies für Wassermänner und Badenixen.

22 Vom Křižić-Pass zum Gipfel des Sis

Unter Geiern auf der Insel Cres

Am zweithöchsten Gipfel der Insel Cres nutzen die Gänsegeier oft Aufwinde, um sich ohne Flügelschlag in die Höhe zu schrauben. Seitdem das Öko-Rettungsprojekt für Gänsegeier in Beli gestoppt wurde, kann man die beeindruckenden Vögel nur mehr in freier Wildbahn erleben.

> **GÄNSEGEIER**
>
> **Das Rettungsprojekt zum Schutz von Gänsegeiern wird künftig nicht mehr in Beli, sondern in Crnika durch das Birds of Prey Conservation Center fortgeführt. Details für den Besuch des Zentrums sind der Webseite www.supovi.hr zu entnehmen.**

Der Križić-Pass am Südfuß des Sis ist ein hochgelegener Ausgangspunkt und sehr markanter Ort, denn hier liegt der schmalste Bereich der Insel Cres, an dem man zugleich auf West-und Ostküste blicken kann. Sehr sonnenexponiert geht es vom Parkplatz an einer Trockenmauer entlang, die sich am Kamm des Sis emporzieht. Mit jedem Schritt wird die AUSSICHT großartiger, bis wir eine

Ausgangs-/ Endpunkt: Parkplatz am Križić-Pass
Anfahrt: Von Porozina oder Cres zur Abzweigung nach Beli, dort parken
Weglänge: 2,5 km, zur Bergschulter und zurück 1,25 km
Höhenmeter: 268 m, Bergschulter 133 m
Gehzeit: 1,5 Std., zur Bergschulter und zurück 45 Min.
Ausrüstung: Festes Schuhwerk, Sonnenschutz, ausreichend Wasser und Proviant
Tourencharakter: Steiler, steiniger Steig ohne Schatten
Einkehr: Keine Möglichkeit, Selbstverpflegung erforderlich
Übernachtung: Pansion Tramuntana, gegenüber Beli, bietet ihren Gästen Bootsausflüge, bei denen Brutgebiete der Gänsegeier in den Küstenfelsen zu sehen sind.
Informationen: Jadrolinija-Fahrpläne: www.jadrolinija.hr, die Linie 334 Brestova–Porozina verkehrt alle 1,5 Std.

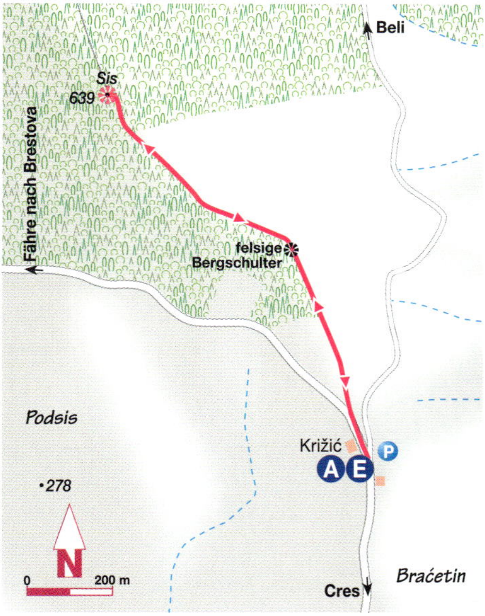

Ein Gänsegeier im Segelflug über dem Sis, dem zweithöchsten Gipfel auf der Insel Cres mit Blick bis zum Velebitgebirge

felsige Bergschulter erreichen – einen Panoramaplatz, der kaum überboten werden kann. Dahinter flacht das Gelände ab, hier kann man im Schatten der Steinmauer oder von vereinzelten Eichen rasten und den weiten Blick genießen – bis in die Bucht von Rijeka mit dem Gorski Kotar und Velebitgebirge, und zu den Kvarner Inseln bis zur Insel Lošinj. Der weitere Anstieg zum Gipfel führt in der Folge durch zwei Steinmauern hindurch und erreicht den teilweise mit Steineichen bewachsenen höchsten Punkt in 639 Metern Höhe, wo zwar der Blick nach Norden und Osten versperrt ist, aber die Sicht nach Westen auf Istrien und nach Süden besser ist. Hier kreisen des Öfteren GEIER im Aufwind und gleiten zuweilen nah am Gipfel vorüber. Der Rückweg erfolgt auf demselben Weg.

23 Erlebnisreise zur Blauen Grotte der Insel Cres

An Bord des Ausflugschiffes Tajana

Es heißt, die Tajana sei das kinderfreundlichste Schiff in Cres. Unsere zukünftigen Steuermänner dürfen auf Anweisung des Kapitäns sogar das Schiff selbst manövrieren. Die Reise führt uns zur Bucht Žanja mit der blauen Grotte. Fische, Delphine und Möwen sind unsere Begleiter.

> **STRASSENPFLASTER**
>
> **Eine durchgehend gerade Steinpflasterung in der Mitte von Altstadtgassen bedeutet, dass die Gasse einen Durchgang aufweist. Sackgassen wurden mit anderem Muster gepflastert.**

Die Tajana startet vom Hafen in Cres oder vom Anlegeplatz im Camp Kovačine aus. Wir wählen den Hafen in Cres, weil wir dann noch Eindrücke von der **Altstadt Cres** sammeln können. Vom Parkplatz wenden wir uns zum **Stadttor** (Vrata Marcela), wo rechts die Gasse Creskog statuta beginnt. Auf poliertem Pflaster gehen

Ausgangs-/ Endpunkt: Gebührenpflichtiger Parkplatz an der Straße Šetalište 20. Aprila hinter der Altstadt, 8 Kn pro Std.
Anfahrt: Stadt Cres, Einfahrt Richtung Centar, an der T-Kreuzung rechts abbiegen und nach etwa 120 m rechts parken
Weglänge: 1,25 km, Weg durch die Altstadt von Cres
Gehzeit: 10 Min. vom Parkplatz zum Boot; Bootsexkursion 10–17.30 Uhr von Cres (10.10–17.20 Uhr von Kovačine)
Ausrüstung: Badesachen, Schnorchel-Ausrüstung, Badeschuhe, Sonnenschutz
Einkehr: Mittagessen an Bord und Getränke inklusive; in Cres z.B. die Pizzeria Luna Rossa oder Pizzeria Palada am nördlichen Ende des Hafens, gleich daneben die Gelateria Obala mit gutem Eis
Preise: 270 Kn für Erwachsene, 150 Kn für Kinder ab 5 Jahre, darunter frei
Informationen: Voranmeldung Tel. +385/958/32 54 32; Tourismusverband der Stadt Cres, Cons 10, 51557 Cres, www.tzg-cres.hr, Tel. +385/51/57 15 35

wir am Rathaus und einer Kapelle vorbei, danach öffnet sich die Gasse nach links zum Platz Trg F. Petrica. Hier beginnt der Hafen mit dahinterliegenden bunt bemalten Häuserfassaden. Links sehen wir das alte **Stadttor unter dem Uhrturm** (Mala Vrata), dahinter die **Kirche Maria Schnee** (15. Jh.) mit Campanile. Wir folgen nun der Hafenpromenade nach links. Der Ankerplatz der Tajana liegt vor der Hafeneinfahrt in der Nähe der Stadtinformation. Nach dem Ablegen wird der Anlegesteg im Autocamp Kovačine angesteuert, um weitere Gäste aufzunehmen. Auf dem offenen Meer dürfen dann interessierte Kinder das STEUER ÜBERNEHMEN. Wir passieren den **Leuchtturm** auf der Insel Zaglav, wo früher eine Familie mit mehreren Kindern lebte. Danach nähern wir uns der **Sv. Ivan-Bucht** unterhalb von **Lubenice**. In diesem Bereich hält sich die Tajana nahe an der Küste. Nach der Umfahrung eines Kaps wird die **Bucht Žanja** angesteuert, die wir nach insgesamt etwa eineinhalb Stunden Fahrtzeit erreichen. Wegen der leuchtend blaugrünen Farbtöne im Meer gilt die Bucht als schönste der Insel Cres.

An Bord der Tajana ist der Gast noch »König«, im Hintergrund der Felsen von Lubenice.

Über einen Anlegesteg erreichen wir die Mitte der Kiesbucht. Das Eingangsportal zur zauberhaften BLAUEN GROTTE kann man nur schwimmend erreichen, danach hat

Sobald Delfine gesichtet werden, folgt die Tajana den Meeressäugern.

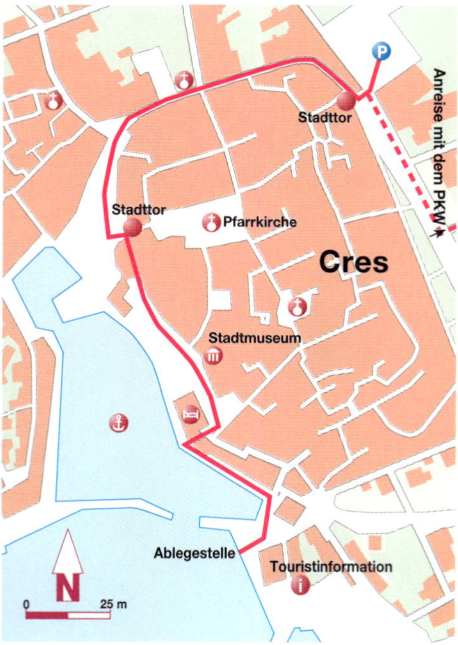

man wieder Grund unter den Füßen. Mit einer Taschenlampe ausgerüstet, führt uns der Kapitän in einen GROTTENSAAL mit intensiv blau lumineszierendem Licht. Nach diesen erfrischenden Einblicken kehren wir an den Strand zurück, während an Bord das Mittagessen zubereitet wird. Wer will, kann auch vom Schiff ins kristallklare Wasser SPRINGEN. Bereits bei der Voranmeldung entscheidet man sich zwischen drei gegrillten Speisen. Wasser, Wein und Eistee/Saft sind während des Ausfluges frei verfügbar. Nach dem Essen steht eine FISCHFÜTTERUNG mit Resten der Makrelen auf dem Programm. Der Gast fühlt sich hier noch als König. So zum Beispiel scheut der Kapitän keine Mühen, einer ins Meer gefallenen Sonnenbrille nachzutauchen. Nach einer Pause treten wir schließlich wieder die Rückfahrt an. Diesmal jedoch auf weiter von der Küste entferntem Kurs. Dadurch erhöht sich die Wahrscheinlichkeit, DELPHINE anzutreffen auf etwa 70 % in den Sommermonaten. Egal, ob der Zeitplan überschritten wird, die Meeressäuger werden verfolgt, um auch wirklich allen Gästen spektakuläre Erlebnisse zu ermöglichen. Die

Delphine scheinen das sogar zu mögen und bedanken sich mit tollen SHOWEINLAGEN. In der Nähe des Kaps Pernat erfolgt dann noch eine **Möwenfütterung**. Hier erleben wir abschließend noch eine LUFTAKROBATIKSHOW beim Fangen des Futters. Danach erreichen wir wieder das Camp Kovačine und den Hafen in Cres.

Die Blaue Grotte am Felsufer der Bucht Žanja kann nur schwimmend erreicht werden.

24 In Lubenice

Wie auf einem Thron über dem Meer

382 Meter hoch über dem tiefblauen Meer war man einst auf dem steil abfallendem Felsplateau vor Piratenangriffen sicher und konnte den Eingang in die Kvarner Bucht Vela Vrata kontrollieren. Auch heute schenkt der alte Ort Lubenice dem Besucher einen tollen Ausblick.

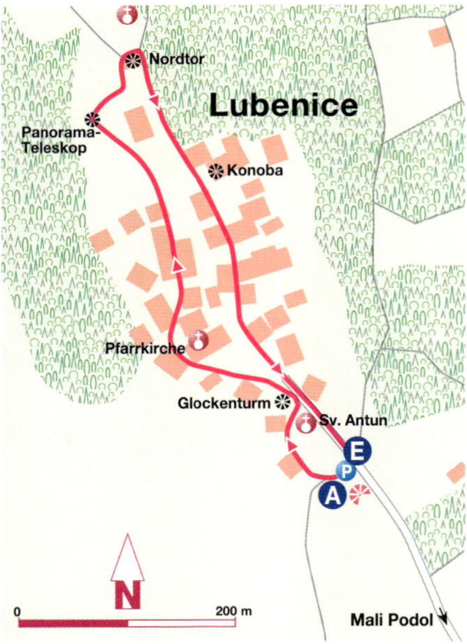

Von der römischen Siedlung Hibernicia und dem im Mittelalter erwähnten Kastell unter venezianischer Herrschaft finden sich heute kaum noch Spuren, da die Umbauten über sämtliche historische Perioden mit denselben Steinen erfolgten. Dennoch wirkt der denkmalgeschützte Ort recht homogen. Vom Rand der Parkfläche erblickt man einen abenteuerlichen Pfad hinunter zur Bucht Sveti Ivan. Davor am südlichen Plateau werden die Reste einer 4000 Jahre alten prähistorischen Siedlung um die Kapelle zum Hl. Sonntag vermutet. Wenn wir uns dem Ortskern von

Ausgangs-/ Endpunkt: Gebührenpflichtiger Parkplatz südlich des Ortes, 15 Kn
Anfahrt: Lubenice ist aus Richtung Cres oder Osor ausgeschildert, nach der Abzweigung nach Valun nur sehr schmale Zufahrtsstraße zwischen Steinmauern
Weglänge: 500 m
Gehzeit: 30 Min.–1 Std.
Ausrüstung: Trekking-Sandalen ausreichend, eventuell Sonnenschutz
Einkehr: Konoba Hibernicia, Buffet Lubenička Loza

Lubenice nähern, gelangen wir zum ältesten Bauwerk des Städtchens, dem gotischen Kirchlein St. Anton in der Wüste aus dem 15. Jahrhundert. Danach erreichen wir den Glockenturm, der dem Ortsbild ein prägnantes Bild verleiht. Dahinter befindet sich das Buffet Lubenička Loza in der ehemaligen Loggia. Hier öffnet sich ein großer Platz mit der öffentlichen Zisterne und der Pfarrkirche der Jungfrau Maria. Rechts erblicken wir das rekonstruierte Südliche Stadttor. Wir durchqueren nun das kleine Wohnviertel über die Gasse links der Kirche. Hinter dem Ortskern trifft man auf einen PANORAMASTANDORT mit Münzteleskop und traumhaftem Ausblick auf die Westküste von Cres mit der Bucht Sveti Ivan bis hinüber nach Istrien. Noch ein kleines Stück weiter kommen wir zum mittelalterlichen Nordtor. Zurück gehen wir über einen parallel verlaufenden unteren Weg, auf dem wir die Konoba Hibernicia am nordöstlichen Ende des Ortes entdecken. Neben einem Souvenirshop folgt etwas versteckt an der östlichen Stadtmauer das alte Kirchlein St. Jakob aus dem 15. Jahrhundert. Entlang der Gasse gelangen wir wieder zum zentralen Platz und zum Parkplatz.

Hoch über dem Meer bewacht Lubenice den Eingang zum „Großen Tor" der Kvarner Bucht.

25 Am Lungomare zwischen Lovran und Opatija

Promenade im Glanz der Donaumonarchie

Am Lungomare zwischen Rt Kolova und der Villa Ariston

Prunkvolle Villen aus der Zeit der österreichisch-ungarischen Monarchie säumen mit ihren üppigen Palmengärten und exotischen Pflanzen die 1911 erbaute Uferpromenade und versprühen noch heute kaiserlichen Charme. Die Küstenpromenade zählt zu den schönsten der Welt.

Im Gegensatz zu Opatija ist in Lovran der alte, mittelalterliche Stadtkern erhalten geblieben. Ein guter Grund, um mit einem Rundgang durch die

Ausgangs-/ Endpunkt: Gebührenfreier Parkplatz am Hafen Lovran
Anfahrt: Aus Richtung Rijeka über Opatija; aus Richtung Mošćenička Draga über Medveja; von Istriens Westküste über die Autobahn A 8 Richtung Rijeka über den Učka-Tunnel, Abfahrt Veprinac, dann Richtung Ičići, dort rechts nach Lovran; Einfahrt zum gebührenfreien Hafen-Parkplatz beim weiß-blauen Hotel Park; auch Busverbindungen von Rijeka
Weglänge: Insgesamt 8,25 km
Gehzeit: 3–4 Std., die Tour kann jederzeit verkürzt werden, Bushaltestellen an der Hauptstraße befinden sich in Abständen von etwa 350–500 Metern
Ausrüstung: Sportschuhe, Sonnenschutz, eventuell Badeschuhe und Schnorchel-Ausrüstung
Tourencharakter: Wanderung entlang befestigter Wege, auch mit Kinderwagen möglich
Öffnungszeiten: Stadtturm von Lovran Mo–Sa 9–14 und 17–21 Uhr, So 9–13 Uhr
Informationen: Autobus Fahrplan: www.autotrolej.hr; Tourismusverband der Gemeinde Lovran, Trg slobode 1, HR 51415 Lovran, www.tz-lovran.hr, Tel. +385/51/29 17 40; Tourist-Info Opatija: Vladimira Nazora 3, 51410 Opatija, Tel. +385/51/27 17 10

Rückblick von den bizarren Felsen beim Kinderspielplatz dječje igralište auf die Altstadt von Lovran

Altstadt von **Lovran** zu starten. Hinter dem Hafen im Park Alter Friedhof liegt die Dreifaltigkeitskapelle, nach Aufzeichnungen die älteste Kirche an der Kvarner Riviera. Wir überschreiten die Straße beim EISSALON Gelateria Lučica und betreten durch das mittelalterliche STADTTOR STUBICA die Altstadt. Alle Sehenswürdigkeiten Lovrans befinden sich am **St. Georgs-Platz** bei der romanischen, gotisch umgebauten **Pfarrkirche St. Georg**. Gegenüber finden wir zwei interessante RELIEFS über Torportalen: den **Heiligen Georg** im Kampf gegen den Drachen und den **bärtigen Mustaćon**. Sehenswert ist auch der **Stadtturm** (Gradska kula, 12. Jh.) mit einer Galerie und wunderbarem BLICK ÜBER DIE ALTSTADTDÄCHER hinweg zum Meer. Danach kehren wir zurück zum Stadttor und wenden uns neben der Hauptstraße nach links. Beim Wegweiser Richtung Obalni put zweigt unser Uferpromenadenweg nach rechts ab und führt um das Hotel Danica herum ans Meer. An bizarren Felsen treffen wir auf einen großen, schattigen KINDERSPIELPLATZ (Dječje igralište). Für kleine Kinder wurden zwei gemauerte PLANSCHBECKEN MIT KIES angelegt. Die Größeren kön-

nen Meereseinstiege über Leitern benützen. Nach einer spektakulär am Fels gebauten Wegpassage mit herrlichen Blicken auf das Meer gelangen wir unter hohen Eichen zu einer größeren Bucht mit betonierten Liegeflächen und einer Beach Bar. Es folgen die prächtigen **historischen Villen** Astra, Santa Maria, Frappart und Magnolia. Die kleinen Buchten unterhalb bieten sogar feinkiesigen Meeresgrund. Am Wellenbrecher vor dem Hafen Ika endet dieser vorerst schönste Abschnitt des Lungomare mit prächtigen Landschaftsbildern. In der Bucht von **Ika** gibt es einen Konzum und das Hotel Restaurant Bellevue, wo man sich stärken kann. Davor liegt ein breiter Grobkiesstrand. Entlang der Felsküste kommen wir nach **Ičići**, wo wir die Straßenbrücke am Hafen unterqueren. Hier treffen wir auf das originelle Restaurant Lučica, das mit bunten MUSCHELN UND SEESTERNEN dekoriert ist. Ein ABENTEUER-SPIELPLATZ sorgt für Abwechslung. Auch hier findet man einen Konzum Market und am Strand Plaža Ičići mehrere Eisdielen, Buffets und ein öffentliches WC. Nach der unschönen Trassierung neben der ACI Blue Marine mit hohem Gitterzaun öffnet sich unterhalb der Pension **Mali Raj** ein kleines Buchtparadies mit Steinen, Feinkies und Sand am Meeresboden. Nach einem schönen Hundestrand zeigt sich vom **Rt Kolova** das Učka-Gebirge mit dem Vojakgipfel im Rückblick. Von der Villa Ariston an fühlen wir uns förmlich wie in einen botanischen Garten mit üppiger mediterraner Vegetation versetzt. An der Häufung von Grill-Restaurants, Café-Bars und Bistros merken wir bald, dass wir uns der Stadt Opatija nähern. Bei der Villa Augustini erreichen wir schließlich die Autostraße Maršala Tita in **Opatija**. Beim FAST FOOD LOKAL Bella Vista können wir uns mit Pizza, Wokgemüse, Burger oder Eis eindecken. Dahinter befindet sich ein KINDERSPIELPLATZ. Über einige Stufen gelangt man zum betonierten **Slatinastrand**. Im Sommer ist hier der AQUAPARK Aquazone mit aufblasbaren Modulelementen verankert. An zwei ovalen betonierten Becken mit Kiesboden vorbei, die mit dem Meer verbunden sind, gelangen wir zu einem BECKEN MIT SANDBODEN direkt unter dem Hotel Milenij. Von hier lohnt sich noch ein kurzer Abstecher zur **Bronzeskulptur Mädchen mit der Möwe**, dem Wahrzeichen von Opatija, die wir über den Stufenaufgang und eine schmale Bucht mit Fischerbooten erreichen. Um zur Busstation zu gelangen, wandern wir neben der Straße Maršala Tita zurück. Die **Haltestelle des Busbahnhofs** befindet sich hinter einem kleinen Park mit einem Springbrunnen am Trg Vladimira Gortana. Im Sommer fährt die **Linie 32** mit einem Intervall von etwa 35 Minuten in Richtung Lovran.

Der schwimmende Aquapark Aquazone am Slatinastrand

26 Von der Höhle Biserujka zur Bucht Slivanjska

Von Tropfsteinen, Karstfelsen und der Macht des Windes

Mit ihren drei Hallen auf einer Länge von 111 Metern und 13 Metern Tiefe zählt die Tropfsteinhöhle Biserujka bei Rudine zu den größten Sehenswürdigkeiten der Insel Krk. Nach der Besichtigung wenden wir uns dem Lehrpfad mit fünf Infotafeln zur schönen Bucht Slivanjska zu.

In der Höhle Biserujka

In nur wenigen Minuten erreicht man vom Parkplatz den Kiosk der **Höhle Biserujka.** Infotafeln weisen in kroatischer und englischer Sprache darauf hin, dass das erstmals im Jahr 1913 für Besucher geöffnete Naturdenkmal eine der ältesten Schauhöhlen Kroatiens ist. Einst fand man darin ein Skelett eines Höhlenbären, heute be-

Ausgangs-/ Endpunkt: Gebührenfreier Parkplatz bei Rudine
Anfahrt: Über die Krk-Brücke bei Kraljevica, immer den Tafeln Richtung Špilja Biserujka folgen
Weglänge: 1,25 km
Höhenmeter: 43 m
Gehzeit: 1,25 Std.
Ausrüstung: Pullover oder Jacke (die Temperatur in der Höhle liegt zwischen 13 und 15 °C), festes Schuhwerk, eventuell Sonnenschutz am Rundweg, Badesachen
Tourencharakter: Auf breitem Schotterweg zur Höhle (bis dorthin auch mit Kinderwagen möglich), danach auf teils felsdurchsetzten Steigen
Einkehr: Kleine Getränkebar bei der Höhle
Öffnungszeiten: Špilja Biserujka: geöffnet April und Oktober von 10–15 Uhr, Mai und Juni von 9–17 Uhr, Juli und August von 9–18 Uhr, September von 10–17 Uhr
Preise: Krk-Brücke (Krčki most): einmalige Maut vom Festland zur Insel 35 Kn; Špilja Biserujka: Eintritt 25 Kn für Erwachsene, 15 Kn für Kinder (5–12 Jahre)
Informationen: www.spilja-biserujka.com.hr, Tel. +385/98/211-630

heimatet die Grotte die weltweit einzigartige Höhlenassel von Krk. Über Stufen und einen schmalen Gang geht es hinab zum Balkon und danach zur Großen Halle. Über eine Brücke gelangen wir zwischen STEINSÄULEN hindurch in die Halle der Brücken mit sehr schönem TROPFSTEINSCHMUCK. Eine weitere Brücke führt zur Zypressenhalle, wo wir schließlich wieder umkehren. Vom Kassahaus erblicken wir bereits die erste INFOTAFEL des LEHRPFADES **zur Slivanjska Bucht**. Hier geht es darum, wie der Mensch die Landschaft mitprägt. Der flache, geschotterte Weg senkt sich

An der schmalen Slivanjska Bucht findet man einen Sandstrand und die Ruine eines unvollendeten Hotels.

Der Lehrpfad zur Slivanjska Bucht führt am felsigen Südufer entlang – wer will kann einen kleinen Badestopp einlegen.

allmählich zur Bucht hinunter und eröffnet schöne Ausblicke zu den Felsklippen des Vinodol am jenseitigen Festland. Die zweite INFOTAFEL widmet sich dem Thema der sommergrünen, submediterranen Vegetation. Auf zunehmend felsdurchsetztem Boden steigen wir weiter ab und erreichen die Bucht Slivanjska. Direkt am schmalen, flachen SANDSTRAND liegen Reste einer kleinen Hotelruine, leider aber auch angeschwemmte Müllansammlungen. Wir erklimmen nun die felsige Südflanke, wo wir ein Gatter durchschreiten. Links könnte

Zerklüfteten Karstfelsen widmet sich die dritte Lehrtafel. Hier lernen wir zwischen Nummuliten- und Rudistenkalk zu unterscheiden.

man zum Bootssteg am Kiesufer absteigen. Unser Rundweg führt nun wieder hinauf zur dritten LEHRTAFEL, die uns über die Karstlandschaft, Nummulitenkalk und Rudistenkalk informiert. Danach folgt die vierte INFOTAFEL, die auf die Macht des Windes aufmerksam macht, die hier in Form toter und verformter Gehölze zutage tritt– ja sogar manche Halterhütten ducken sich vor den Mächten der Bora flach auf den Boden. Weiter oben halten wir uns an einer Steinmauer rechts und gelangen neben Trockenmauern zur Straße vor dem Parkplatz. Dort ist die fünfte INFOTAFEL positioniert, die uns über die Rolle des Wassers als Landschaftsgestalter aufklärt. Danach erreichen wir in wenigen Minuten das Auto.

27 Der Weg zum Mond

Von Sv. Ivan zum Gipfel des Hlam

Der Weg zum Mond beschert uns vor allem im unteren Abschnitt immer wieder tolle Ausblicke auf die Bucht von Baška. Unterwegs zum Mondplateau, einer erschreckend kahlen Karstlandschaft ohne jegliche Bäume und Sträucher, durchqueren wir harzig duftende, schattige Kieferwälder.

Bereits zum Auftakt gelangen wir vom Thron der **Friedhofskirche St. Johannes** (Sv. Ivan) in den Genuss einer GRANDIOSEN AUSSICHT über Baška und die schroffe Insel Prvić, die im Jahre 1972 wegen der Gänsegeier und Steinadler zum Naturschutzgebiet ernannt wurde. Manchmal kann man die RAUBVÖGEL auf dem **Weg zum Mond** (Put ka Mjesecu) erspähen, denn auch an den Klippen von Krk gibt es das Vogelschutzreservat Kuntrep. Nach einem kurzen Rundgang über den Friedhof wenden wir uns neben dem Friedhofstor den Stufen zum Beginn des Steiges zu. An alten Hausruinen und Resten einer Kirche vorbei führt uns der geschotterte Steig stets in angenehmer Steigung durch den Kiefernwald zu einer Kehre und weiter zu

Ausgangs-/ Endpunkt: Kostenloser Parkplatz vor der Friedhofskirche St. Johannes (Sv. Ivan)
Anfahrt: Über die Krk-Brücke bei Kraljevica, Richtung Krk bzw. Baška; am Ortsende von Jurandvor gabelt sich die Straße, hier links halten; bei Hinweistafel Sv. Ivana 700 m links abbiegen und zur Bergkirche hochfahren
Weglänge: 7,75 km
Höhenmeter: 336 m
Gehzeit: 3 Std.
Ausrüstung: Gutes Schuhwerk, Sonnenschutz, Proviant, ausreichend Wasser
Tourencharakter: Wanderung auf flachen Wegen, jedoch sehr steinig, besonders im oberen Teil
Altersempfehlung: Ab 6 Jahre
Einkehr: Keine Möglichkeit, daher Selbstversorgung
Informationen: Prospekt Touristische markierte Wege des Tourismusverbandes Baška, Kralja Zvonimira 114, 51523 Baška, Webseite: www.tz-baska.hr; Tel. +385/51/85 68 17

Die beherrschend oberhalb Baška gelegene Friedhofskirche Sv. Ivan schenkt dem Besucher bereits herrliche Ausblicke auf die Bucht von Baška.

einem schroffen Taleinschnitt, wo eine SITZBANK zum Rasten und Genießen des Ausblickes einlädt. Nach einer Querung der Waldhänge treffen wir erneut auf eine SITZBANK MIT AUSSICHT, danach folgt die zweite Kehre. Manche Föhren scheinen hier fast ohne Bodensubstrat auszukommen. Auch in 315 Meter Seehöhe bei der nächsten Linkskehre erscheint der Kiefernbestand immer noch sehr dicht. Erst nach der vierten Kehre werden die Berghänge merkbar flacher und die Bäume niedriger im Wuchs mit zunehmendem Eichen- und

STRAŽICE

Verzichtet man auf den Gipfel Hlam, sollte man wenigstens den Stražice besuchen: dabei verringert sich die Weglänge auf insgesamt 5,75 Kilometer, die Höhenmeter auf 252 Meter und die Dauer auf insgesamt etwa zweieinhalb Stunden.

Nach einer Kirchenruine und Resten einer alten Siedlung oberhalb von Baška durchschreiten wir einen schattigen Kiefernwald.

Wacholderbestand. Die vielen Schilder besagen, dass wir uns am MONDPLATEAU, dem Plato Mjeseca (370 m), befinden. Im Wald links befindet sich eine Unterstandshütte. Tritt man vor die Steinmauer aus dem Wald, so ändert sich das Landschaftsbild SCHLAGARTIG: scharfkantige KARSTFELSEN, soweit das Auge reicht, dazwischen nur Gräser und Disteln. Kein Baum, kein Strauch mildert die Strenge der Landschaft, die der Sommersonne und dem Wind voll ausgesetzt ist. Durch die große Weite des Plateaus hat sich das Blickfeld auf ein Minimum verringert. Wir gehen fast 100 Meter gerade hinaus auf das unwegsame Plateau und kommen zu einem Kreuzungspunkt. Hier folgen wir der blauen und gelben Markierung rechts. Vor einem Schafspferch biegt der Weg nach links, wo wir in der Folge auf einen breiten Forstweg nach links gelangen. Nach einem Gatter trennt sich unsere blaue Markierung von der gelben. Wir halten uns hier links und passieren die kleine Quelle Kalić. Die Gipfelkuppe des Hlam gibt uns nun die Richtung vor. Mit jedem Schritt wird der AUSBLICK wieder freier. Wir durchschreiten einen Durchgang an einer Steinmauer und erreichen in Kürze den Steinmann am Gipfel des 461 Meter hohen **Hlam**. Die schönste Blickrichtung ergibt sich nach Süden, zum Nördlichen Velebit, auf die Inseln Prvić, Sv. Grgur und Rab, sowie zum südlichen Buchtende des Velika Plaža. Sollte man auf den Gipfel des Hlam ganz verzichten wollen, so bietet sich der Gipfel des Stražice als Ersatz an: Um zu diesem zu gelangen, geht man vom Plato Mjeseca durch den dichten, letzten Waldabschnitt zurück bis zu einer Sitzbank, wo wir links Farbmarken an Steinen bemerken. Der Pfad zum Gipfel ist leider sehr schlecht, der Anstieg dauert aber dafür nur etwa 10 Minuten. Am Ende schreiten wir durch eine Trockenmauer in freies Gelände. Der Gipfel des **Stražice** (372 m) bietet zwar keinen Rundblick wie der Hlam, jedoch einen guten Blick nach Süden. Der Abstieg erfolgt auf demselben Weg.

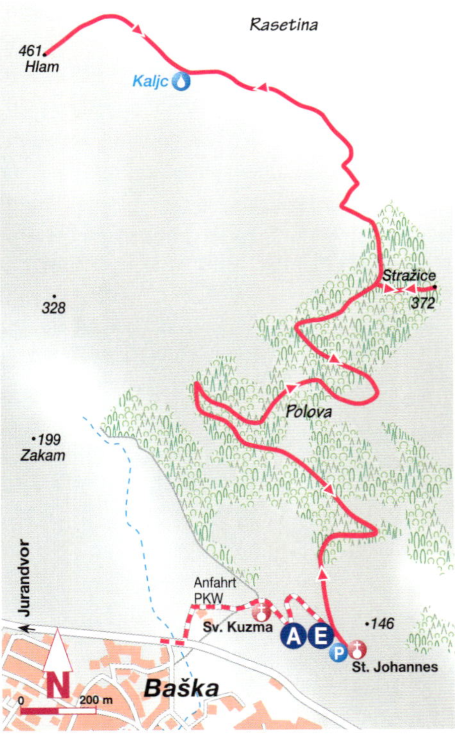

Kurz unterhalb des Gipfels Hlam – Schafspferche am Mondplateau zeichnen eigenartige Strukturen in die Landschaft.

28 Im Naturhistorischen Museum von Rijeka

Zu den ausgestopften Haien von Rijeka

In einer Villa in Rijeka ist die naturgeschichtliche Sammlung aus den Regionen Istrien, Kvarner und Gorski Kotar untergebracht. Unter Einbezug von multimedialen Inhalten wird hier allerlei Wissenswertes über die Tierwelt des Mittelmeerraumes sehr ansprechend präsentiert.

ALTSTADT VON RIJEKA

Wer mehr von Rijekas Altstadt sehen möchte, begibt sich vom Großparkplatz Delta über die Fußgängerzone zum Korzo, der zentralen Altstadtpromenade in Rijeka.

Im Flur dokumentieren Ammoniten, Rudisten und fossile Funde wie der Fußabdruck eines Iguanodons die **geologische Geschichte des adriatischen Raumes**. Links kommen wir zur Sammlung von präparierten **Knochenfischen**, darunter ein riesiger Mondfisch, ein Drachenkopf, ein Stör und eine Muräne. Die größte Aufmerksamkeit weckt aber der anschließende RAUM MIT DEN HAIFISCHEN. Die

Ausgangs-/ Endpunkt: Prirodoslovni muzej Rijeka, Lorenzov prolaz 1, Rijeka, an der Ecke zur Straße Šetalište Vladimira Nazora
Anfahrt: Über Autobahn A 7, Ausfahrt Škurinje, an der Osječka rechts Richtung Centar und nach 1,5 km links auf die Tizijanova abbiegen, über die Laginjina zur Šetalište Vladimira Nazora fahren, dort parken; auch über Busverbindungen erreichbar
Gehzeit: 1 Std.
Altersempfehlung: Ab 6 Jahre
Einkehr: Restaurants in Rijeka
Öffnungszeiten: Täglich geöffnet, außer in den Ferien, Mo–Sa 9–19 Uhr, So 9–15 Uhr
Preise: Erwachsene 10 Kn, Kinder, Familien 5 Kn
Informationen: www.prirodoslovni.com, Tel. +385/51/553-669; Tourist-Info Rijeka, Korzo 14, 51000 Rijeka, www.visitrijeka.eu/de, Tel. +385/51/33 58 82; Busfahrpläne: www.autotrolej.hr und www.visitrijeka.eu/de/

Den Höhepunkt bilden die präparierten Haimodelle, unter denen der Riesenhai und der Große Weiße Hai hervorstechen.

größten Präparate stammen vom Riesenhai und dem Großen Weißen Hai. Daneben ist ein Fuchshai und unterhalb ein großer Stumpfnasen-Sechskiemerhai vertreten. Danach folgt die Abteilung über die **Geologie der Region Rijeka**, unter anderem mit einem Schädel eines Höhlenbären. Im ersten Stock trifft man auf Vitrinen mit Insekten, vor allem Schmetterlingen und Libellen. Danach sind elf große GLASVITRINEN mit präparierten **Vögeln, Säugetieren, Amphibien und Reptilien** zu sehen. Ein Gänsegeier, ein Braunbär und eine Lederschildkröte dürfen hier natürlich nicht fehlen. Im Untergeschoss befindet sich ein AQUARIUM, wo manchmal KINDERGEBURTSTAGSFEIERN oder Workshops stattfinden. Vor der Villa ist auch ein **botanischer Garten** zu besichtigen.

29 Besichtigung der Burgruine Badanj

Auf den Spuren des ältesten Kulturdenkmals im Vinodol

Während Drivenik als besterhaltene Festung im Vinodol gilt, wird die Ruine von Badanj als ältestes noch erhaltenes Kulturdenkmal genannt. Einst wurde die Festung auf Resten römischer Befestigungen des liburnischen Grenzwalls aus dem 4. Jahrhundert errichtet.

> **ALTSTADT VON DRIVENIK**
>
> **Auch die verlassene Altstadt Drivenik mit der beherrschenden FESTUNGSANLAGE der Frankopanen aus dem 13. Jahrhundert ist einen Besuch wert. Auf Anfrage kann die derzeit versperrte Festung geöffnet werden. Den Schlüssel verwahrt der Tourismusverband in Bribir.**

Nach einem Erdbeben im 14. Jahrhundert wurde die Anlage aufgegeben. Einer Legende zufolge soll hier ein SCHATZ vergraben sein, den eine Schlange bewacht.

Am Eingang 3 zum **Liebespfad** (Ljubavna cestica), der früher gerne von Liebespaaren aufgesucht wurde, orientieren wir uns an einer

Ausgangs-/ Endpunkt: Beschränkte Parkmöglichkeit am Straßenrand der Straße Crikvenica–Tribalj
Anfahrt: Über Adriatische Küstenstraße D 8/E 65, Richtung Zentrum Crikvenica, dort auf die Kotorska abbiegen, Richtung Grižane/Tribalj, unter dem Viadukt hindurch, danach links, dann rechts und nach ca. 2,3 km parken
Weglänge: 1,5 km
Höhenmeter: 35 m
Gehzeit: 45 Min.
Ausrüstung: Festes Schuhwerk, Sonnenschutz, Proviant, ausreichend Wasser
Tourencharakter: Wanderung auf guten Steigen
Einkehr: Keine Möglichkeit, daher Selbstversorgung
Informationen: Tourismusverband der Gemeinde Vinodol, Bribir 1, 51253 Bribir, www.tz-vinodol.hr, Tel. +385/51/24 87 30

Von der Ruine Badanj zeigen sich die Klippen des Vinodol.

Infotafel und gelangen über den flach trassierten Steig nach 170 Metern zu einer Abzweigung. Hier gehen wir geradeaus weiter bis zur nächsten Abzweigung, die unser Ziel in 200 Metern ankündigt. Dort geht es rechts aufwärts zur Infotafel über die Geschichte der **Burg Badanj**. Danach erreichen wir eine Einsattelung hinter der RUINE. Stufen leiten uns hinauf in den äußeren Mauerring. Dort gehen wir links um die ovale Hauptmauer herum zu Stufen, die rechts in den inneren Burghof hineinführen. Aus etwa 60 Meter Höhe überblickt man das klippengesäumte Weintal der Römer mit dem Ort Grižane. Wir kehren nun wieder zur Einsattelung hinter der Burg zurück, wo wir uns links einem Pfad um die Burgaußenmauern zuwenden und nach einer Kehre im Wald wieder zum Liebespfad kommen. Dort geht es links zurück zum Eingang 3.

30 Die Augen des Vinodol Nord, Gemeindegebiet Vinodol

Besichtigungsfahrt zu drei Aussichtspunkten hoch über dem Vinodol

Das gemeinsame Projekt der Gemeinden Novi Vinodolski und Vinodol mit der Idee, attraktive Aussichtspunkte zu schaffen, die mit dem Fahrzeug erreichbar sind, erhielt im Jahr 2010 eine internationale Auszeichnung für verantwortungsbewussten Tourismus.

Das Panorama von allen drei Aussichtsplattformen ist schlichtweg atemberaubend. Alle Aussichtspunkte sind mit geschotterten, auch mit Kinderwagen zu befahrenden Wegen, Steinbänken und Infotafeln in kroatischer und englischer Sprache über die örtlichen Klima- und Vegetationszonen ausgestattet. Zu zwei von den insgesamt drei Aussichtspunkten im Gemeindegebiet Vinodol führt eine ABENTEUERLICHE SCHMALE STRASSE hinauf, die dem Fahrer starke Nerven abverlangt. Am besten erreichbar ist wohl der Aussichtspunkt **Vidikovac Slipica** in 446 m Seehöhe, den auch alle ungeübten Fahrer bedenkenlos ansteuern können: Dazu folgen wir in Bribir der Beschilderung Richtung Vidikovac und biegen nach einer

Karstlandschaft kurz vor dem Vidikovac Slipica

Anfahrt: Die Orte Bribir und Grižane sind von der adriatischen Küstenstraße D 8/E 65 (z.B. aus dem Raum Selce) gut erreichbar, weitere Details sind in der genauen Beschreibung enthalten.
Einkehr: Keine Möglichkeit, Selbstversorgung empfohlen
Informationen: Fremdenverkehrsbüro Vinodol, Bribir 1, 51253 Bribir, www.tz-vinodol.hr, Tel. +385/51/24 87 30

Die Aussichtsplattform am Vidikovac Pridva mit Blick aufs Velebitgebirge und die Insel Krk

Querung der südlichen Bergflanken nach links in Richtung Fužine ab. Am Zugangsweg öffnet sich bereits bei der Querung des Klippen-Wanderweges zwischen Rillenkarst und submediterraner Bergvegetation ein spektakulärer Blick auf die WILDE KLIPPENLANDSCHAFT. Dann erreichen wir die Panoramaplattform an der Abbruchkante des Berges Klančac – ohne

Zweifel einer der schönsten Aussichtspunkte über dem Vinodol: Tief unter uns liegt die Altstadt von Bribir, an der Meeresküste Novi Vinodolski, dahinter das Velebitgebirge, gegenüber die langgestreckte Insel Krk sowie Teile der Insel Cres, im Westen das Učkagebirge und die wilden Klippen des Kacalj. Anspruchsvoller gestaltet sich die Zufahrt zu den nächsten beiden »Augen des Vinodol«: Wir fahren von Bribir nach Grižane und halten uns danach an den Wegweiser Richtung Vidikovac. Nach dem Weiler Antovo wird die asphaltierte Straße schmal und aufregend. Wir queren eine enge Talkerbe und erklimmen danach kühn fast SENKRECHTE BERGHÄNGE. Zum Glück wird die Straße selten befahren. Vom Parkplatz des **Aussichtspunktes Pridva** geht man auf der Straße kurz zurück und beschreitet den geschotterten Fußweg, der etwa 50Meter weiter die Panoramaplattform in 573Meter Höhe erreicht. Von hier blicken wir auf die etwa 200Meter hohen Kalkklippen über dem Vinodol, die den Ausblick in Richtung Osten im Vergleich zum Vidikovac Slipica etwas mehr begrenzen. Dafür ergibt sich zusätzlich ein Tiefblick auf den künstlichen Stausee von Tribalj, der aus der Höhe schöner als aus der Nähe aussieht. Mit Velebitgebirge, Insel Krk, Teilen von Rab und Pag sowie der Insel Cres und dem Učkagebirge lässt aber auch dieses Panorama kaum Wünsche offen. Wer sich die nervenaufreibende Zufahrt sparen möchte, dem empfehle ich die Wanderung über den Steinstufenweg, die uns neben atemberaubenden Felsszenerien ein gleichwertig schönes Panorama schenkt. Der höchstgelegene **Aussichtspunkt Mahavica** in 781Meter Höhe ist ebenfalls von Pridva aus erreichbar. Die Fahrt über das Hochplateau beschert

Vor dem Aussichtspunkt Slipica quert der Klippenwanderweg des Vinodol mit Blick auf die Felswände des Kacalj.

uns zwar keine exponierten Klippen mehr, dafür wird die Fahrbahn durch die seitliche Vegetation stark eingeengt. Wir setzen die Fahrt also über das Plateau fort und folgen immer den Wegweisern zum Vidikovac Mahavice. Unterwegs queren wir die schönen Bergwiesen des Bergsattels Razromir und kommen an einem Startplatz für Paragleiter vorbei. Vom Parkplatz aus erreichen wir die Panoramaterrasse in nur 30Metern. Dank ihrer hohen Lage gewinnen wir einen äußerst guten ÜBERBLICK über das gesamte Gebiet des Vinodol und der Inselwelt der Kvarner Bucht. Im Westen sind mit der 1,4 Kilometer langen Krk-Brücke vor dem Učkagebirge und dem Burghügel von Grad Drvenik interessante Details erkennbar, während direkt unter uns der Stausee von Tribalj unsere Blicke auf sich zieht. Genau gegenüber befindet sich die große Bucht von Soline auf der Insel Krk. Dahinter erhebt sich der höchste Gipfel der Insel Losinj, der Televrin. Eine weitreichende Schau sondergleichen, die wiederum bis hinunter zum Velebitgebirge reicht.

31 Am anspruchsvollen Steintreppenweg

Auf spannenden Pfaden durch die Klippen des Vinodol

Der einstige Handelspfad zwischen den Siedlungen des Vinodol und den Waldgebieten des Gorski Kotar wurde mit über 1300 Steinstufen revitalisiert. Die Begehung des Steintreppenweges vermittelt die abenteuerlichsten Eindrücke, die man auf einer Wanderung im Vinodol erleben kann.

Neben dem Friedhof wandern wir bis zum Ende der Siedlung aufwärts, wo wir dem breiten Weg nach links zur mittelalterlichen **Kirche Maria Schnee** folgen. Diese wurde auf Resten einer älteren Kirche aus dem 13. Jahrhundert im 17. Jahrhundert errichtet. Hinter der Kirche setzen wir unseren Weg zwischen Steinmauern fort, vorbei an einer kleinen Kapelle zum Wegweiser Put Klamaruša staza kamenih stupi, wo wir auf den markierten Steig nach rechts abzweigen. Im Schatten des Mischwaldes gelangen wir zu einer Lichtung mit einer betonierten Wasserfassung, an der sich ein traumhafter Blick

Ausgangs-/ Endpunkt: Parkplatz am Friedhof im Ortsteil Belgrad (Grižane)
Anfahrt: Über Grižane, von der Adriatischen Küstenstraße von Selce oder Crikvenica, nach der Durchfahrt des Ortes Zufahrt zum Friedhof (Hinweistafel Groblje)
Weglänge: 6,5 km
Höhenmeter: 420 m
Gehzeit: 4–4,5 Std.
Ausrüstung: Bergschuhe, Sonnenschutz, Proviant, ausreichend Wasser, Wanderstöcke
Tourencharakter: Im unteren Bereich über Straßen und bequeme Steige, darüber teils anspruchsvolles, felsiges und geröllbedecktes Gelände mit vielen Stufen, teilweise verwachsen
Altersempfehlung: Ab 8 Jahre
Einkehr: Keine Möglichkeit, daher Selbstversorgung
Informationen: Tourist-Info Vinodol, Bribir 1, 51253 Bribir, www.tz-vinodol.hr, Tel. +385/51/24 87 30

zum Gipfel des Klamaruša und einem freistehenden FELSTURM öffnet. Bei einem querenden Weg wenden wir uns links abwärts zur Siedlung Baretići. Aus diesem Ort stammte der 1498 geborene berühmte Miniaturenmaler **Juraj Julije Klovic**. Nach einem Haus folgen wir der asphaltierten Straße nach rechts, die wir nach etwa 90 Metern wieder nach rechts verlassen. Auf dem etwas verwachsenen Pfad treffen wir auf die ersten Stufen. Danach erreichen wir den Ausgang einer steilen, geröllerfüllten Schlucht. Der Steintreppenweg hält sich stets am linken Wandfuß steil aufwärts. Weiter oben leitet der Steig zu einer Wegteilung. Folgt man der Abzweigung zu den GROTTEN (Karlova peć) nach links, so ersteigen wir in Kürze eine aussichtsreiche FELSNASE. Auf eigene Gefahr kann man über SEILSICHERUNGEN hinabklettern zu einer spektakulären Querung über ein Felsband zur unteren Höhle **Donja Peć** in großartiger alpiner Szenerie. Zurück am drahtseilgesicherten Felspfad gelangt man zu einer Aussichtskanzel nach links. Gleich dahinter versteckt sich die obere Höhle **Gornja Peć**. Nach diesem kurzen Abstecher kehren wir zur Abzweigung des Steiges zurück und setzen den Felsenweg Staza litica rechts zum Plateau hinauf fort. Am Waldplateau

Die steilen Felswände des Klamaruša werden in der Schlucht davor (Bildmitte) umgangen.

Oben: Die Kirche Maria Schnee (M. Božja Snježna) im Ortsteil Belgrad

angelangt wandern wir im unübersichtlichen Gelände zu den steinigen Wiesen der **Planina**. Am abwärts führenden Abstecher zum Kuk Baba versetzt uns der Steig in eine unerwartete KARSTWILDNIS mit tiefen Spalten, scharf gezackten Felsgraten und urig bemoosten Bäumen – hier fehlen nur noch Zwerge und Kobolde! Vom Plateaurand blicken wir hinüber zum **Kuk Baba** (573 m), einem exponierten Felsturm mit Gipfelstange. Ein markierter Stichweg leitet zur schachtartigen, abgezäunten VERBOTENEN HÖHLE (Jama zabranjen). Wir kehren nun wieder zur Wegtafel zurück und folgen dem Plateauweg weiter. Unvermittelt gelangen wir auf eine freie Bergschulter mit Ausblick auf Rijeka, Učkagebirge, die Insel Krk mit ihrer Brücke und den Stausee von Tribalj. Die SCHÖNEN BERGWIESEN laden zur RAST ein. Kurz vor dem **Aussichtspunkt Pridva** weist die Tafel Staža kamenih stupi Put Lućac nach links abwärts. Der Weg verläuft zunächst sehr aussichtsreich auf einer Geländeschulter. Nach eigenartigen Betonbauten folgen unzählige Stufen hinunter durch den dichten Wald. An einer Wegverzweigung setzen wir den Weg nicht rechts, sondern geradeaus fort, wo unser Steig an der Fahrstraße einmündet. An den folgenden Straßenverzweigungen unter den Felswänden der Baba und Klamaruša halten wir uns zweimal links, dann rechts und gelangen auf die Hauptstraße zwischen Grižane und Tribalj. Hier können wir uns noch an klarem Quellwasser erfrischen. Gleich links mündet die Zufahrt hinauf zum Friedhof im Ortsteil Belgrad ein, über die wir unser Fahrzeug erreichen.

Von der Höhle Donja peć blickt man zur Insel Krk und den Televrin-Gipfel auf der Insel Lošinj.

32 Die Augen des Vinodol-Süd, himmlische Labyrinthe und das Kastell Ledenice

Eine Besichtigungsrundfahrt mit Kurzwanderungen

Für das Projekt »Die Augen des Vinodol« hat die Gemeinde Novi Vinodolski ebenso wie die Gemeinde Vinodol drei Aussichtspunkte ausgebaut, die mit dem Auto gut erreichbar sind. Die Rundfahrt lässt sich ideal mit den himmlischen Labyrinthen und dem Kastell Ledenice kombinieren.

Die AUSSICHTSTERRASSE mit Steinbank und Infotafel am Parkplatz des Vidikovac Kuk wurde mitten in eine FELSGRUPPE gebaut, die über einen Kiesweg erreichbar ist. Aus 301 Meter Höhe blicken wir auf Novi Vinodolski mit dem oberen Vinodol dahinter. Gegenüber liegt das Kap Glavina der Insel Krk mit den kahlen Klippen des Vogelschutzreservates Kuntrep. Danach setzen wir die Fahrt über Krmpote Polje und schöne Bergwiesen fort.

Ausgangs-/ Endpunkt: Parkplatz des Vidikovac Kuk
Anfahrt: Bei Klenovica verlassen wir die Adriatische Küstenstraße D 8/E 65 gegenüber der Tankstelle BC Medo und fahren den Berghang hinauf zu einer Linkskehre, wo sich der Parkplatz befindet
Weglänge: Labyrinthe 2,5 km; Kastell Ledenice 0,75 km; sonst vernachlässigbar
Höhenmeter: Labyrinthe 60 m (Gegensteigung inklusive); Kastell Ledenice 55 m
Gehzeit: Halbtagesausflug, kann mit Pausen aber auch ausgedehnt werden
Ausrüstung: Für Kastell festes Schuhwerk ratsam, sonst Sportschuhe ausreichend, Sonnenschutz, eventuell Proviant und ausreichend Wasser
Tourencharakter: Panoramafahrt mit Kurzwanderungen, im Bereich des Kastells Ledenice auch über steileres und steiniges Terrain, bis auf das Kastell sind alle Wege für Kinderwagen geeignet
Einkehr: Buffet Lovački dom Zvonko
Informationen: Tourist-Info Novi Vinodolski, Kralja Tomislava 6, 51250 Novi Vinodolski, www.tz-novi-vinodolski.hr, Tel. +385/51/24 43 06

In 755 Meter Höhe biegen wir links nach Omar ab und folgen dem Wegweiser Richtung Celestial Labyrinth bis zum Parkplatz in 783 Meter Höhe. Von dort gehen wir etwa 100 Meter bis zu einer Wegverzweigung zurück, wo wir rechts zu den zehn **himmlischen Labyrinthen** kommen. Die STEINLABYRINTHE spiegeln astronomische Muster, deren jeweilige Bedeutung durch zweisprachige Infotafeln (kroatisch/englisch) erläutert wird. Nach dem Venus-Labyrinth folgen in eine Senke drei weitere Labyrinthe. Danach ersteigen wir den 816 Meter hohen Sattel zwischen den Gipfeln Mala und Velika Sviba und gelangen zur Meerseite. Begleitet vom GROSSARTIGEN PANORAMA des Gorski-Kotar-Gebirges über Učkagebirge, Istrien und die Inseln Cres und Krk führt der Weg leicht absteigend über weite Bergwiesen bis zum Ganesh-Labyrinth, dem größten von allen. Wir gehen zum Auto und fahren die Zufahrtsstraße wieder zurück. Nach etwa einem Kilometer halten wir uns beim Buffet Lovački dom Zvonko rechts, wo wir zu einer neuen Straße gelangen. Wir folgen der Hinweistafel Richtung Vidikovac Sviba nach rechts und queren unterhalb der WIESENHÄNGE des Velika Sviba zum Parkplatz des **Aussichtspunktes Sviba** in 753 Meter Höhe. Das Blickfeld ist umfassender als vom Kuk, doch nach den himmlischen Labyrinthen gibt es außer dem Nördlichen Velebit und der Insel Prvić nichts Neues zu erspähen. Nach acht

Die freien Wiesenhöhen um das Ganesh-Steinlabyrinth bieten einen großartigen Ausblick.

Die ausgedehnten Festungsruinen des Kastells Ledenice stammen noch aus der Zeit der Frankopanen. Hier würden sich Maßnahmen zur Erhaltung lohnen!

Kilometern mündet unsere Straße auf einer Hochebene in die Straße von Novi Vinodolski nach Jasenak. Hier halten wir uns links nach Bater und nach einer Querung steiler Berghänge links nach Ledenice. Nach dem Ort folgt ein Bergsattel, an dem links eine Asphaltstraße zum Parkplatz unterhalb des Kastells abzweigt. Von dort führt ein Schotterweg zunächst zum **Runden Friedhof**, der alte Grabsteine und Ruinen der St. Georgskirche

(1695) birgt. Nach etwa 220 Metern erreichen wir den **Aussichtspunkt Gradina** mit FESSELNDEM BLICK auf die Festungsruine und über die Berghänge hinweg bis zum Nördlichen Velebit und die Inseln Prvić und Krk. Im Westen zeigen sich der Berg Srd (Insel Cres) und das Učkagebirge. Danach statten wir dem KASTELL LEDENICE einen Besuch ab. Vom Parkplatz führt ein Pfad in südlicher Richtung zwischen Wacholderbüschen aufwärts, der rechts neben den Ruinen der romanisch-gotischen Kirche St. Stefan durch die Reste eines ehemaligen Stadttores führt. Neben der Kirche trifft man auf Ruinen des einstigen Glockenturmes. An der höchsten Stelle des Hügels befindet sich die Burg der Frankopanen mit Resten eines starken Hauptturmes und einem Torbogen. Nach der Besichtigung der ausgedehnten Anlage kehren wir entlang der Festungsmauer wieder zum Haupttor und zum Parkplatz zurück. In Novi Vinodolski treffen wir wieder auf die Adriatische Küstenstraße.

Der Aussichtspunkt Gradina südlich von Ledenice zählt zu den lohnendsten Ausflugszielen im Vinodol.

33 Festung und Park Nehaj in Senj

Auf den Spuren der Uskoken

Die interessanten Museumsräume der Festung Nehaj mit ihren bis zu 3,30 Meter dicken Mauern und Infotafeln im schönen Park Nehaj informieren über die edlen Seeräuber der Uskoken, die eng mit dem Schicksal von Senj verbunden waren.

Für die einen waren sie Helden für ihr Vaterland, für die anderen gefürchtete PIRATEN. Gerühmt für ihr Heldentum im Kampf gegen die Osmanen gerieten die Uskoken bald ins Räderwerk der Geschichte, als sie auch die Flotten der Republik Venedig angriffen. Betreten wir das Innere der **Festung Nehaj**, so fällt der Blick zuerst auf den Innenhof mit der Zisterne. Rechts vor dem Hof stützt sich das Innengewölbe auf einen massiven Pfeiler, der mit einem KREUZRELIEF versehen ist. Der LEGENDE nach soll hier ein Franziskanermönch, der den Türken das Tor öffnen wollte, bei lebendigem Leibe eingemauert worden sein. Laut Infotafel handelt es sich bei den Skelettresten aber um Reliquien. Beim Bau der Festung im Jahre 1558 ließ der Hauptmann von Senj alle Kirchen außerhalb der Stadtmauer zerstören und das Baumaterial für die Errichtung der Festung verwenden. Im Erdgeschoss findet man deshalb eine Dokumentation und Steinfragmente dieser Senjer

Ausgangs-/ Endpunkt: Kostenloser Parkplatz vor der Festung
Anfahrt: Über Adriatische Küstenstraße D 8/E 65, die Festung ist nicht zu übersehen; Senj ist auch per Bus erreichbar.
Weglänge: 750 m
Gehzeit: 45 Min.–1 Std.
Einkehr: Konoba Tvrdava Nehaj, geöffnet 10–24 Uhr, Speisen vom Grill
Öffnungszeiten: Mai, Juni, September und Oktober täglich von 10–18 Uhr, Juli und August täglich von 10–21 Uhr
Preise: Eintritt für Erwachsene 20 Kn, für Kinder 10 Kn
Informationen: Tourist-Info Senj, Stara cesta 2, 53270 Senj, www.tz-senj.hr, Tel. +385/53/88 10 68; Busfahrplan: www.autotrans.hr

Die beherrschend über Senj gelegene Festung Nehaj wurde von den Uskoken errichtet, die für ihre Tapferkeit gerühmt wurden.

Kirchen. Eine Reproduktion der glagolitischen Tafel von Senj zeugt von der Bedeutung der kroatischen Schrift im Mittelalter. Gegenüber sind einige Steinkopfreliefs der Uskoken ausgestellt, die man über Toren in den Altstadtgassen Senjs finden kann. Nach Zitaten über Uskoken in Leuchtschrift gelangen wir über einen Treppenaufgang in den **ersten Stock**.

FESTE IM SOMMER

Im Juli findet das Fest der Uskokentage statt. Im Rahmen von WORKSHOPS kann man Bogenschießen, Axt- oder Messerwerfen oder sich Ritterturniere und einen mittelalterlichen Markt ansehen. Ein weiteres Highlight ist der Internationale SOMMERKARNEVAL in Senj, der Anfang August stattfindet.

Im Hauptraum sieht man historische WAFFEN und Volkstrachten aus dem 16. Jahrhundert. In den Seitenräumen lernen wir die wichtigsten Uskoken kennen, wie Petar Kružić oder Ivan Lenkovic, den Erbauer der Festung. Ein Modell der Senjer Seeflotte veranschaulicht uns die Bauart der Schiffe im Mittelalter. Zurück im Hauptraum ersteigen wir nun die Treppe hinauf in den **zweiten Stock**. Zwei KANONEN erinnern daran, dass dieser Raum einst zur Aufstellung von Geschützen diente. Wappen sowie eine Fotodokumentation über die Renovierung ergänzen die Aus-

Der aussichtsreiche Rundgang am Wehrgang auf der Mauerkroneder Festung Nehaj ist ein Highlight.

stellung. Über Stufen gelangen wir auf den oberen **Wehrgang**, der uns traumhafte AUSBLICKE auf die Altstadt von Senj, die Küste bis hinauf nach Novi Vinodolski und den Velebit-Meereskanal ermöglicht. Jenseits des Meeres blicken wir auf die Inseln Krk, Prvić, Goli und Rab. Unseren kleinen Historikern ist der Aborterker am Rundgang der Mauerkrone sicherlich nicht entgangen. Gegenüber dem Eingang zur Festung beginnt der **Pfad der Uskoken** durch den 14 Hektar großen **Park Nehaj**. INFOTAFELN in kroatischer und englischer Sprache erzählen über das tragische Schicksal mancher Uskokenfürsten. Zu Beginn des gepflasterten Hauptweges können wir Details zu Ivan Lenkovic nachlesen. Mit herrlichem Blick aufs Meer und das Vogelreservat Kuntrep an den Felsklippen der Insel Krk senkt sich der Weg sanft hinab. Bei der nächsten Abzweigung links führt ein Kiesweg zur Infotafel über Petar Kružić und danach zu einem KINDERSPIELPLATZ. Bei der folgenden Wegkreuzung wenden wir uns nach rechts und gelangen erneut zu einer Wegteilung. Wir gehen nach rechts zum Denkmal Kalvarija aus dem Jahr 1740, ein attraktiver Ort, um kurz innezuhalten. Danach überqueren wir den Hauptweg und kommen zur Tafel über Martin Posedarski. Um wieder zurück zum Parkplatz zu kommen, halten wir uns in der Folge zweimal rechts und beenden den kurzen Rundgang.

Historische Waffen im Festungsmuseum

34 Das Bärenrefugium in Kuterevo

Eine Zufluchtsstätte für Bären und Menschen

In der Siedlung Kuterevo nahe dem Nationalpark Nördlicher Velebit hat sich seit 2002 eine erfolgreiche, staatlich anerkannte Tierschutzstation etabliert. Sozialpädagoge Ivan Crnkovic-Pavenka sieht Kuterevo als Zufluchtsstätte für Bären und Menschen.

Einer der Altbären im Bärenrefugium Kuterevo

Die Zusammenarbeit basiert auf Freiwilligen aus aller Welt, wie man an dem Schilderwald am Parkplatz feststellen kann. Finanziell wird das Projekt allein über Geldspenden und Erlöse aus dem Souvenirverkauf getragen. Auf die Frage, wie viele Braunbären hier leben, antwortet Herr Ivan, mit

Ausgangs-/ Endpunkt: Parkplatz nach der Kirche in Kuterevo
Anfahrt: Adriatische Küstenstraße D 8/E 65 von Sv. Juraj über Krasno oder aus Richtung A 1 Ausfahrt Otočac
Weglänge: Rundgang 1,5 km
Gehzeit: 45 Min.–1 Std.
Einkehr: Buffet Butina, Kuterevo 21a, 53220 Kuterevo, etwa 750 m entfernt am Ortseingang gelegen
Öffnungszeiten: Täglich geöffnet von 9 Uhr bis Einbruch der Dunkelheit; Führungen laufend, Gruppen nach Voranmeldung; die aktive Zeit der Braunbären reicht etwa von Ostern bis 25. November, bei Hitze am besten von 9–10 Uhr und 16–20 Uhr
Preise: Kein Eintrittspreis, sondern Spende nach eigenem Ermessen
Informationen: Verein Aktion Bärenkinder: www.baerenfreunde-kuterevo.de (auch Projektwochen für Schulen)

Der Schilderwald wird als Markenzeichen von den freiwilligen Helfern ständig erweitert.

ihm seien es zur Zeit zehn (Stand 2013). Sein Engagement für Bären wurde auch nicht durch eine Verletzung getrübt, die vom Kampf mit dem Bären Brundo herrührt. Herr Ivan betont, man wolle hier das charismatische Wesen der Bären hervorheben und nicht die Tiere dämonisieren. In Kooperation mit der Tierschutzorganisation Vier Pfoten werden seit 2015 neben verwaisten Bärenkindern auch nicht artgerecht gehaltene Bären aufgenommen. Alle Bären werden kastriert bzw. sterilisiert und nicht mehr in die Wildnis zurückentlassen. Laut Herrn Ivan ist das Bärenrefugium auch Mahnungsstätte und Servicestelle. Animierende Darstellungen sollen die Neugierde von Kindern wecken. Zuvor wird der interessierte Tourist empfangen und mit Informationen versorgt. Danach besichtigen wir in kundiger Begleitung die Bärengehege, die in mehreren Dolinen angelegt sind, beginnend mit dem Einzelgehege des JÜNGSTEN, Marko Kralj, bis zu den Großgehegen der ALTBÄREN, die sich ein Stück weiter die Straße hinauf befinden, wo wir an der Bärenbar und einem SOUVENIRSHOP vorbeikommen. Wie sich herausstellte, lieben die Bären im Frühjahr den Löwenzahn, der seitdem in Kuterevo Bärenzahn genannt wird.

35 Im Nationalpark Nördlicher Velebit

Vom Gipfel des Kosa über den Botanischen Garten zum spektakulären Premužićpfad

Dank einer Mautstraße erreichen wir schnell die Panoramahöhen des UNESCO-Biosphärenreservates und Nationalparks, ohne uns mit steilen Aufstiegen quälen zu müssen. Beinahe mühelos beschreiten wir über den berühmten Premužićpfad eine geologische Wunderwelt des Karstes.

Da unser eigentliches Ziel, der Premužićpfad, auf diesem Teilstück keine Meerblicke gewährt, wählen wir rechts den kleinen Umweg über den Meteorologie-Lehrpfad, der uns zweisprachig (kroatisch/englisch) über die Launen des örtlichen Wetters informiert und nach etwa 10 Minuten zum Wiesensattel unterhalb der **Berghütte Zavižan** führt. Mit ersten BLICKEN

Ausgangs-/ Endpunkt: Parkplatz unterhalb der Berghütte Zavižan
Anfahrt: Über Adriatische Küstenstraße D 8/E 65, von Sv. Juraj über Krasno und Oltari, rechts Richtung Sjeverni Velebit / Zavižan abbiegen, ab dem Parkeingang Babić Siča auf der Makadamstraße
Weglänge: 9,75 km, mit Rundweg im Botanischen Garten etwa 10,5 km
Höhenmeter: Je 215 m
Gehzeit: 3,5–4 Std.
Ausrüstung: Bergschuhe, Sonnenschutz, ausreichend Wasser, Proviant, eventuell Wetterschutz
Tourencharakter: Lange Wanderung über Forststraßen und steinige, meist gute Steige, beim Abstieg vom Velika Kosa ist Trittsicherheit und ein Mindestmaß an Sportlichkeit erforderlich
Altersempfehlung: Ab 8 Jahre
Einkehr: Berghütte Zavižan
Preise: 45 Kn für Erwachsene, 25 Kn für Kinder (6–14 Jahre); das Ticket gilt für drei Tage
Informationen: Nationalpark Nördlicher Velebit, Krasno 96, 53274 Krasno: www.np-sjeverni-velebit.hr, Tel. +385/53/66 53 80

HINUNTER AUFS MEER wenden wir uns links über Steigspuren dem freien Kamm des Gipfels **Velika Kosa** (1622 m) zu, wo uns ein großartiges Panorama erwartet: Vom felsigen Balinovac über die Kvarner Inseln Rab, Goli, Sv. Grgur, Krk und Cres reicht der Blick bis zur istrischen Halbinsel mit dem Učkagebirge. Die andere Seite des Bergkammes zeigt sich alpiner, doch mithilfe der Hände schaffen wir den Abstieg zum Wiesensattel vor dem Balinovac. Achtung – wir gehen hier nicht rechts, sondern auf Pfadspuren über Wiesenhänge nach links hinunter in die weite Mulde Modrić dolac mit dem frei zugänglichen BOTANISCHEN GARTEN **des Velebit**. Zur Hauptblüte lohnt auch der Rundweg um einen tiefen Dolinentrichter. Insgesamt gedeihen hier auf einer Fläche von 50 Hektar etwa 500 verschiedene Pflanzenarten. Nach einer kurzen Besichtigung gehen wir links hinauf zum Eingang, wo wir auf eine Forststraße treffen. Dieser folgen wir einen weiteren Kilometer nach rechts bis zur Abzweigung des **Premužićpfades**. Zu Beginn ist das berühmte, stets flach trassierte Meisterwerk des Forst-Ingenieurs Ante Premužić noch wie ein simpler Wie-

Vom Gipfel Velika Kosa öffnet sich der Blick auf das Meer und die Insel Krk.

Oben: Am berühmten Premužićpfad gelangen wir bei Kilometrierung 2,0 in eine wilde Karstwunderwelt.

Die Felsinschrift am Premužićpfad zu Ehren seines Meisters

sen- und Waldweg angelegt. Entlang des Weges befinden sich LEHRTAFELN in kroatischer Sprache. Laut einer geologischen Karte beschreitet der Pfad in diesem Abschnitt Gesteine des Jura. Die zweite Infotafel auf einer Wiese neben einer Doline erinnert daran, dass die Schönheit dieses Gebirges durch seine Karst-

Der Eingang zum Botanischen Garten des Velebit gegen den Gipfel Balinovac. Der Abstieg von der Velika Kosa führt rechts über die Wiesen hinunter.

formen reflektiert wird. Mitten im Buchenwald widmet sich die nächste Station den »Kleinen Baumeistern der großen Berge«, nämlich Organismen eines einstigen Flachmeeres. Die vierte Infotafel beschreibt »Neues Leben« durch Totholz und alte Baumstämme. Danach treten wir aus dem Wald und erreichen eine Kehre. Die WEGTRASSE quert nun in spektakulärer Weise steile Felsflanken, ehe der Steig wieder in den Wald schwenkt. Die fünfte Lehrtafel verweist auf »Giganten auf dem Felsen«, wie einen 20 Meter hohen Wacholder. Danach wechseln wir an urig bewaldete Hänge einer bizarren, etwa 100 Meter tiefen Dolinenschlucht. Kurz vor der nächsten Station öffnet sich eine WILDE KARSTWUNDERWELT. »Spuren von Wasser im Stein«, wie die sechste Infotafel verkündet, sind hier allgegenwärtig zu finden: Karstrillen, Karren, Dolinen und tiefe Abgründe – dieses MÄRCHENHAFT ANMUTENDE FREILICHTMUSEUM muss man gesehen haben! In einer Weg- biegung treffen wir auf eine Inschrift zu Ehren des großartigen Wegpioniers Ante Premužić. Bis zur PANORAMATAFEL (1530 m) folgt eine weitere spektakuläre Querung wild zerklüfteter Felswände. Magisch ziehen die zerfurchten Berge der Hajdučki und Rožanski kukovi unsere Blicke an. Obwohl der Premužićpfad hier nicht endet, kehren wir an diesem attraktiven Punkt um und gelangen über die Forststraße zurück zum Parkplatz.

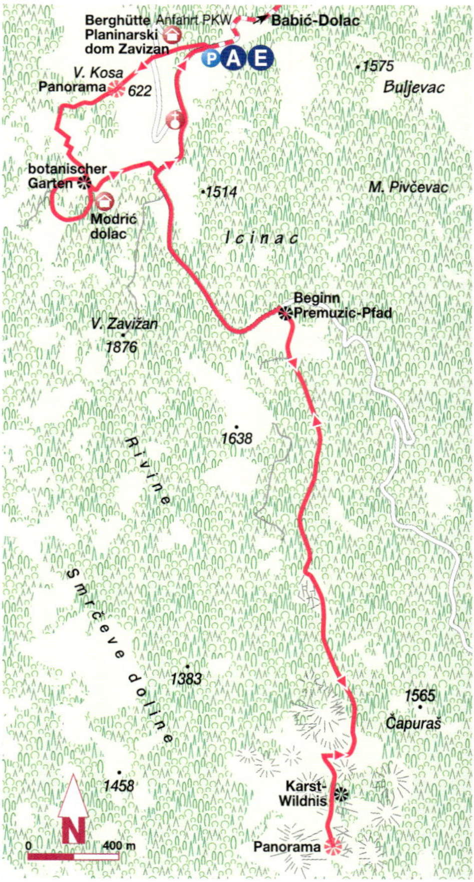

36 Auf den Gipfel des Alančić oder etwas mehr?

Vom Alan-Pass über Bergwälder und -wiesen in den Nationalpark Nördlicher Velebit

Der Alan-Pass oberhalb von Jablanac stellt neben der Bergstraße zum Zavižan den zweiten hochgelegenen Ausgangspunkt ins Velebitgebirge dar. Von dort besteigen wir den Paradeaussichtsgipfel Alančić. Gehfreudige gelangen auf dem Premužićpfad bis ins Herz der Rožanski kukovi.

Bereits die Anreise zur **Berghütte Alan** (1340 m) verspricht ein Meerespanorama wie aus der Vogelperspektive und ein spannendes Abenteuer auf der schmalen Bergstraße. Der markierte Waldsteig beginnt links hinter der Berghütte und führt anfangs steiler, dann flacher zum querenden **Pre-**

Ausgangs-/ Endpunkt: Parkplatz vor der Berghütte Alan
Anfahrt: Über Adriatische Küstenstraße D 8/E65, in Höhe Jablanac in Richtung Štirovača abbiegen und die schmale Bergstraße zu den Almwiesen hinauffahren
Weglänge: Jeweils hin und zurück: Alančić 4,5 km, Panoramatafel 9,75 km, Lehrtafel Nr. 7 14,5 km
Höhenmeter: Alančić 285 m, Panoramatafel 465 m, Lehrtafel Nr. 7 700 m
Gehzeit: Jeweils hin und zurück: Alančić 1,5 Std., Panoramatafel 3,25 Std., Lehrtafel Nr. 7 5,75 Std.
Ausrüstung: Feste Bergschuhe, Sonnenschutz, Proviant, ausreichend Wasser
Tourencharakter: Die Gipfeltour bis zur Panoramatafel ist eine gewöhnliche Wald- und Wiesenwanderung; in den Rožanski kukovi ist Ausdauer, Trittsicherheit und zum Teil auch Schwindelfreiheit erforderlich.
Altersempfehlung: Kürzere Variante ab 6 Jahre, die mittlere und große Tour ab 8 Jahre, nur für Gehfreudige
Einkehr: Berghütte Alan, sonst keine Möglichkeit
Preise: 45 Kn für Erwachsene, 25 Kn für Kinder (6–14 Jahre); das Ticket gilt für drei Tage
Informationen: Nationalpark Nördlicher Velebit, Krasno 96, 53274 Krasno: www.np-sjeverni-velebit.hr, Tel. +385/53/66 53 80

Das Glanzstück am Premužićpfad im Herz der Rožanski kukovi erreichen nur Ausdauernde.

mužićpfad, dem wir nach links folgen. Bald erreichen wir eine Bergwiese unterhalb des Alančić. Nach einer Wegkehre durchschreiten wir wieder Waldgelände und gelangen auf eine Lichtung östlich des Gipfels. Hier weist eine Tafel für alle Gipfelstürmer nach links: Ein Pfad führt über einen Wiesenrücken hinauf. Es lohnt sich, eine mit Steinmännchen markierte Wiesenschulter zu besuchen, denn von hier sieht man am besten zur Bucht Zavratnica hinun-

Schmetterling auf alpiner Polsterpflanze

ter. Der Hauptgipfel des **Alančić** (1611 m) entpuppt sich als TRAUM-AUSSICHTSBERG, da er in der ersten Reihe vor dem Meer liegt. Ausgebreitet wie ein Bilderbuch liegen die Kvarner Inseln (Pag, Rab, Sv. Grgur, Goli, Krk, dahinter Lošinj und Cres) und das Učkagebirge vor uns. Einblicke in das Velebitgebirge selbst ergänzen das Panorama. Nach einer Rast kehren wir zur Wegabzweigung zurück, wo wir auf die erste Lehrtafel treffen. Diese ist in kroatischer Sprache der Tierwelt gewidmet. Hier entscheiden wir: Haben wir genug gesehen, steigen wir über denselben Weg ab. Alle, die noch mehr erleben wollen, setzen den Premužićpfad fort. Wiesen wechseln mit dichteren Waldabschnitten bei stets angenehmer Steigung. Nach der zweiten Lehrtafel zum Thema Buche leitet der Steig aus dem Wald hinaus in eine Mulde weiter BERGWIESEN. Zwischen einzelnen Felsen aufwärts, erblickt man die Karstberge der Rožanski kukovi. Knapp unterhalb eines Sattels informiert die nächste Lehrtafel über Bergwiesen. Den links abzweigenden Steig zum bewachsenen Gipfel des Seravski vrh lassen wir unbeachtet. Dann kommen wir zur PANORAMATAFEL mit Blick zum Nördlichen Velebit. An diesem Punkt sollten alle müden Gesellen umkehren, denn vom

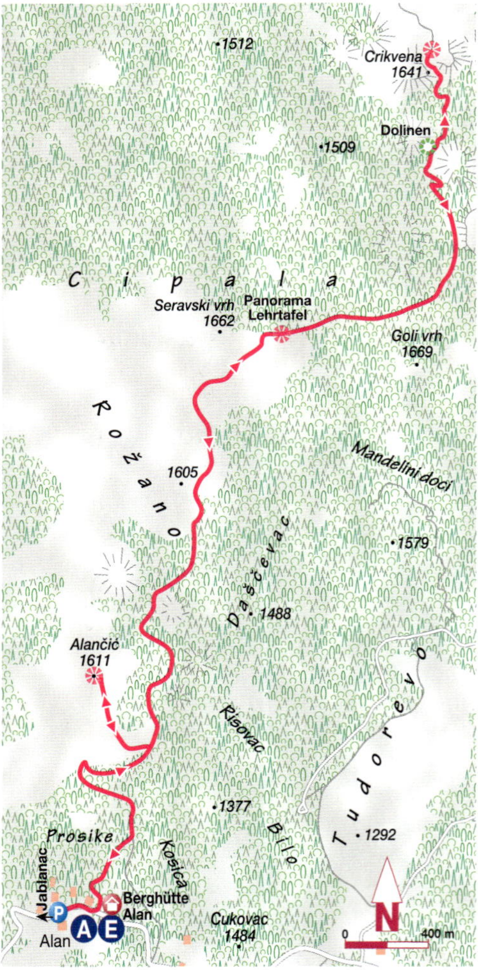

Von den Hängen des Alančić blickt man auf das Meer mit der Bucht Zavratnica und den Inseln Pag, Rab und Losinj.

Naturreservat der Rožanski kukovi trennen uns noch zwei uninteressante Kilometer durch Wald. Alle Gehfreudigen, die sich von einer Gesamtlänge über 14,5 Kilometer nicht abschrecken lassen, setzen den Weg über dicht bewaldete Hänge fort, gelangen über zwei Wegkehren zu einer Einsattelung und dahinter zu zwei TIEFEN DOLINEN mit senkrechten FELSWÄNDEN. Nach einigen Serpentinen ersteigt man über Stufen eine Felsrinne neben der prallen SÜDWAND der Crikvena zu einem engen Sattel hinauf, von dem schwindelfreie Geübte die ausgesetzten Felsen der **Crikvena** (1641 m) erklettern können. Wenn man dem Premužićsteig noch ein Stück folgt, öffnet sich völlig unerwartet die atemberaubende, GROSSARTIGE KARSTLANDSCHAFT DER ROŽANSKI KUKOVI: Wir stehen nun auf einem Felsgrat, der allseitig von tiefen Karstspalten, Schluchten und beeindruckenden Gipfeln umgeben ist. Ein absoluter GLANZPUNKT auf dem Premužićpfad. Die siebte Infotafel »Reise in die Unterwelt« handelt von der 1392 Meter tiefen Lukina Jama, der tiefsten Höhle Kroatiens, die in diesem Gebiet entdeckt wurde. Angesichts des weiten Rückmarsches drehen wir hier um und kehren auf demselben Weg zum Auto zurück.

37 Ein Spaziergang in der Bucht Zavratnica

Bucht oder Fjord?

Zavratnica entstand einst durch ein versunkenes Tal. Die von steilen, bis 150 Meter hohen Klippen gesäumte Meeresbucht wurde wegen ihrer Schönheit bereits 1864 unter Schutz gestellt. Heute ist Zavratnica ein Teil des UNESCO Biosphärenreservates und Naturparks Velebit.

Im äußeren Buchtbereich von Zavratnica

Seitdem die Autofähre zur Insel Rab nach Stinica verlegt wurde, ist im malerischen Hafen von Jablanac wieder Ruhe eingekehrt. Unser Promenadenweg zur Bucht Zavratnica beginnt beim ehemaligen Kiosk der Fähre und verläuft über dem Felsufer in südlicher Richtung. Am Beginn der äußeren Bucht durchschreiten wir einen kurzen TUNNEL. Von links mündet der Weg zur Aussichtsplattform ein, danach erreichen wir

Ausgangs-/ Endpunkt: Am Straßenrand vor Jablanac
Anfahrt: Über Adriatische Küstenstraße D 8/E 65, bei Infotafel Rab abbiegen, dann nach Jablanac fahren
Weglänge: 3,5 km
Höhenmeter: 70 m
Gehzeit: 1–1,25 Std.
Ausrüstung: Festes Schuhwerk, Sonnenschutz, Proviant, Wasser, Badesachen, Schnorchel-Ausrüstung
Tourencharakter: Spaziergang entlang Uferpromenade (für Kinderwagen geeignet), steile Treppen zur Aussichtsplattform (nicht für Kinderwagen)
Einkehr: Café-Bar Kavana Oaza in Jablanac (Hamburger, Fisch, Pizza) oder Restaurant Café Lux
Öffnungszeiten: März–November von 11–19 Uhr
Preise: Eintritt 20 Kn, Kinder bis 7 Jahre frei

nach etwa 100 Metern die Zahlstelle vor der inneren Bucht. Der Uferweg schlängelt sich entlang der Felsen zu einem BADEPLATZ am Ende der Bucht. Süßwasserquellen im Meer färben das Wasser in wunderschönen Türkistönen und versprechen eine erfrischende Abkühlung. Am Nordufer liegt das WRACK EINER DEUTSCHEN FÄHRE aus dem Zweiten Weltkrieg, die von einem Bomber der Alliierten versenkt wurde, der selbst in die Felsen krachte. Eine INFOTAFEL erzählt auf Kroatisch und Englisch von einer Legende, wonach Zavratnica nach einem Erdbeben 615 Jahre v. Chr. entstand. Vom Ende der Bucht führt ein Lehrpfad hinauf zum Dorf Zavratnica. Wir folgen jedoch der Promenade bis ans Ende und bewundern die Meeresbucht, die einem Bergsee gleicht. Hoch oben grüßt im Rückblick der Gipfel des Alančić herunter. Danach kehren wir um und gehen bis zur Abzweigung nach der Zahlstelle, wo wir rechts steil über Stufen eine AUSSICHTSPLATTFORM erklimmen. Von dort wählen wir entweder den kürzeren, gerölligen Abstieg zur Straßenkehre vor Jablanac oder den längeren, aber flachen Steig nach Jablanac.

38 Im Geopark von Lopar

Auf den Spuren geologischer Infopunkte an den Sandküsten von Lopar

Im Naturschutzgebiet der völlig unverbauten Nordküste Lopars wurden geologische Sehenswürdigkeiten mit Infotafeln ausgestattet. Wir verbinden den lehrreichen Teil mit Badespaß, denn in keiner anderen Gemeinde der Kvarner Bucht gibt es eine so hohe Anzahl an Sandstränden.

Vom Parkplatz folgen wir der Zufahrtsstraße noch ein Stück weiter, an einer Abzweigung geradeaus vorbei, wo wir auf die INFOTAFEL »Priroda Lopar« (kroatisch/englisch) treffen, die uns die Besonderheiten der Geologie und Vegetation erläutert. Gleich daneben beginnt ein Pfad, der uns zwischen Heidekraut, Wacholder und ersten Erosionsformen hinableitet. Dann stehen wir vor der wunderschönen **Doppelbucht Sturić**, die mit ihrer üppigen Vegetation und dem flach abfallenden SANDSTRAND zu den schönsten Buchten der Insel Rab zählt. Nach einer Rast oder einem BALLSPIEL IM WASSER machen wir uns auf die Suche nach der geologischen INFOTAFEL 15, die wir am Übergang vom Sand- zum Felsufer am linken Bucht-

Ausgangs-/ Endpunkt: Waldparkplatz
Anfahrt: Über Jadrolinija-Trajektfähre von Stinica, in Lopar an T-Kreuzung links Richtung Trajekt Ferry, zwischen Hafen und Fährhafen rechts auf asphaltierter, schmaler Straße (braune Tafel B. D. Marija) zum Parkplatz im Wald
Weglänge: 4,25 km
Höhenmeter: 95 m
Gehzeit: 2 Std.
Ausrüstung: Sportschuhe, Sonnenschutz, Proviant, Badesachen
Tourencharakter: Rundwanderung auf erdigen, sandigen Böden und teilweise über Uferfelsen; jeden Donnerstag Gratis-Führung durch den Geopark
Einkehr: Restaurant Madonna, Lopar 38, an der Zufahrtsstraße schräg gegenüber Sv. Marija
Informationen: TZO Lopar, Lopar bb, 51281 Rab, (vor der T-Kreuzung in Lopar), www.lopar.com, Tel. +385/51/77 55 08 (Broschüre GeoPark Lopar)

rand entdecken. Viersprachig lernen wir eine fossile Algenmatte zu erkennen. Danach wandern wir neben einem erodierten Erdwall auf gelb-grau gerippten Felsplatten nordwärts zu einem Landvorsprung, der die Bucht Sturić von der nächstgelegenen Bucht trennt. Dort, wo wir zu einem niedrigeren Plateau absteigen, finden wir auf einem vereinzelten Felsblock die INFOTAFEL 16, die uns die Entstehung der Überschwemmungsflächen und damit die Ursache für die bunten Strukturen im Fels erläutert. Von einem flachen Sattel westlich der Bucht Zaškoljići erblickt man bereits die nächste INFOTAFEL 18 »Bodenprofil« auf einem steilen Erdwall. Die traumhafte **Sandbucht Ciganka** ist regelrecht umzingelt von den **Raber Erdpyramiden**, die abgetragene Reste eines fossilen Bodens sind. Auch FKK ist hier erlaubt. Uferseitig nördlich versteckt sich die TAFEL 17, die man selbst nach längerer Suche kaum finden kann. Die Sandsteinformationen der Sanddünen sind aber auch ohne Infotafel an der Küste ersichtlich. Wir gehen nun entlang der großen Bucht, bis oberhalb des westlichen Felsufers ein Pfad nach rechts ansetzt, dem wir weiter folgen. Links vom Weg weist die TAFEL 19 auf die Erosion des Sandsteines, die man auf der rechten Seite am Felsufer gut erkennen kann. Nach dem Steilufer schließt seitlich eine kleine, schmale Bucht an. Geht man zu dieser hinunter, entdeckt man auf dem steilen Sandgrat der rechten Buchtbegrenzung die TAFEL 20. Die nächsten zwei Lehrstationen liegen auf der nördlich vorgelagerten Insel. Um diese zu erreichen, müssen wir über eine Reihe von Steinen balancieren. Ein Pfad führt etwas links der

Zum Auftakt der Runde verleitet die flache Sandbucht Sturič zu einem Badestopp.

Inselmitte zu einem großen Steinmännchen auf der linken Seite des Kaps Rt Stojan. Die TAFEL 21 »Normale Verwerfung« finden wir in der Mitte des Nordufers ganz unten an den Felsen. Interessanter ist jedoch das geologische Profil in einer Bucht an der Westseite der Insel. Hier können wir eine Deformierung der Gesteinsschichten besichtigen, die durch eine UNTERWASSERRUTSCHUNG verursacht wurde (INFOTAFEL 22). Entlang des Südufers kehren wir zurück und erklimmen die bizarr erodierten Nordhänge. An der ersten Kiesbucht der Westseite treffen wir auf die TAFEL 23, die Überschwemmungsflächen beschreibt. Im Gegensatz zur Nordküste beglückt uns die steil abfallende Westküste mit herrlichen Meeresfarben. Über ein Felsband gelangen wir zu einer mit Betonklötzen verunstalteten Bucht. In den Felsen unterhalb entdecken wir die STATION 24 zum Thema »Sandgrat«. Gleich dahinter befindet sich ein Umspannwerk, neben dem ein Pfad direkt unter der Stromleitung zum breiten Fahrweg leitet, der uns zurück zum Parkplatz führt.

Bizarr erodierte Uferfelsen nahe der Station 23 zeigen die Wirkung der Erosion.

Die traumhafte Ciganka Bucht ist reich an sehenswerten geologischen Phänomenen und ein herrliches Baderevier.

39 Am Premužić-Weg von Lopar

Geologischer Panorama-Lehrpfad über dem Paradiesstrand

Nicht nur im Velebit hat sich Ante Premužić mit seinem Wegebau ein Denkmal errichtet. Hoch über dem berühmten Paradiesstrand führt sein Weg auf die Hochfläche von Fruga mit selten schönen Ausblicken. Daneben können wir zur Geologie des Gebietes noch etwas dazulernen.

Der **Premužić-Weg** verbindet Lopar mit Supetarska Draga und ist als Teil des **Geoparks Fruga** mit viersprachigen geologischen LEHRTAFELN ausgestattet. Zunächst durchqueren wir das Auto Camp San Marino geradeaus bis an die Rückseite, wo wir eine Abzäunung durch ein Tor durchschreiten. Danach gehen wir gleich nach links, wo wir über eine Steinbrücke zu einer Übersichtstafel gelangen. Der Premužić-Weg zweigt nun links ab und führt in angenehmer Steigung durch Kiefernwald zur Station 1 »Brekzien«. Gleich dahinter beschreibt die Station 2 eine aufgelassene Bauxitgrube. Wir gelangen nun über eine schmale Talkerbe

Die Lehrtafel Rudisten am Premužić-Weg

Ausgangs-/ Endpunkt: Kostenloser Parkplatz vor dem Auto Camp
Anfahrt: Über Jadrolinija-Trajektfähre von Stinica, in Lopar an T-Kreuzung rechts Richtung San Marino und an Linkskehre rechts zum Auto Camp
Weglänge: 4,25 km
Höhenmeter: 112 m
Gehzeit: 1,5 Std.
Ausrüstung: Festes Schuhwerk, Sonnenschutz, Proviant, ausreichend Wasser
Tourencharakter: Befestigte Wege und steinige, aber gute Steige
Einkehr: Bistro & Pizzeria Creshendo, Lopar 554
Informationen: TZO Lopar, Lopar bb, 51281 Rab, (vor der T-Kreuzung in Lopar), www.lopar.com, Tel. +385/51/77 55 08

zur Station 3, an der wir lernen, Foraminiferenkalke zu erkennen. Nach einer weiteren Talkerbe kommen wir in freieres Gelände mit HERRLICHEN AUSBLICKEN auf die Umrahmung des Paradiesstrandes Rajska plaža. Dann folgt die Station 4 zum Thema Rudistenkalke. Wie fossile Gastropoden aussehen, beschreibt die Station 5. Mit zunehmender Höhe erblicken wir jenseits der westseitigen Meeresküste das Učkagebirge und hinter der Halbinsel Lopar die Inseln Krk, Sv. Grgur und Prvić bis hin zur Insel Goli Otok mit dem Velebitgebirge. Sonnenexponiert schwenkt der Weg in Richtung Hochfläche, wo wir noch auf die Tafel der Station 6 treffen, welche den Kamenitzen gewidmet ist – schüsselförmigen Vertiefungen im Gestein. Bei einer Steinmauer erreichen wir die bewaldete Hochfläche. Da eine Rundwanderung wegen des schlechten Wegzustandes im Abstieg nicht zu empfehlen ist, kehren wir hier um und genießen die schöne Aussicht auf dem Rückweg.

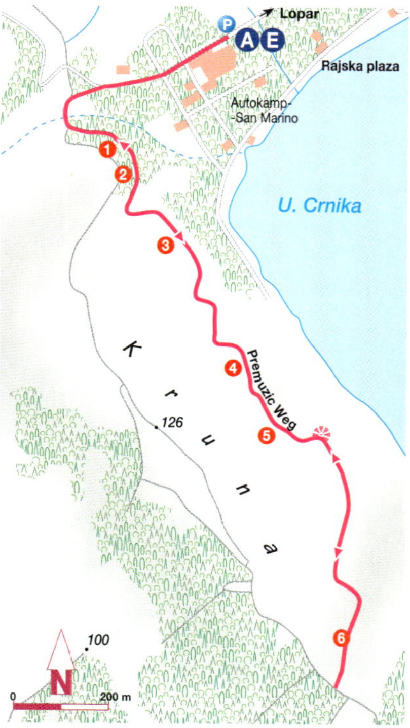

Blick zu den »nackten« Inseln Prvić, Goli otok und das Festland um Sv. Juraj

Schlechtwettertipps

40 Blue World Institut in Veli Lošinj

Seit dem Jahr 2000 betreibt das Blue World Institut zum Schutz und zur Erforschung der Tiere das Adria Delphin Projekt. In den Schauräumen des Lošinjer Zentrums für Meeresforschung ist man bestrebt, eine Brücke zwischen Wissenschaft und Öffentlichkeit zu bauen. Als Blickfang begrüßen uns im Bildungszentrum die 3-D-MODELLE des Großen Tümmlers, der Unechten Karettschildkröte, des Glatthaies und des Zackenbarsches. Ein KINO- UND DELPHIN-AKUSTIKRAUM trägt dazu bei, Kenntnisse über Delphine zu erwerben, die im Anschluss in INTERAKTIVEN SPIELEN wie Memory oder Puzzle angewandt werden. Mit dem Kauf von SOUVENIRS oder mit Delphin-Adoptionen können wir direkt den Schutz der Meeressäuger unterstützen. Lošinj Marine Education Centre, Kaštel 24, 51551 Veli Lošinj, Achtung: Übersiedlung nach Mali Lošinj geplant. www.blue-world.org

41 Tower Center Rijeka

Auf sechs Etagen versprechen die klimatisierten Räume perfektes Shopping-Vergnügen in mehr als 150 Läden. Im zweiten Stock sind Kinder während des Einkaufes im SPIELRAUM NEMO sicher aufgehoben. Janka Polic Kamova 81a, Pecine–Rijeka, www.tower-center-rijeka.hr

3D-Delphin-Modelle im Blue World Institut

42 Aquarium von Baška/Insel Krk

Das Aquarium in Baška bietet mit seinen 21 Becken einen guten Querschnitt durch die heimische Fischfauna. In zwei Räumen mit jeweils vier Glasvitrinen ist eine große Muschel- und Schneckensammlung untergebracht. Mit der Großen Steckmuschel und der Großen Tonnenschnecke befinden sich die größten vorkommenden Muscheln und Schnecken der Adria unter den Exponaten. Daneben finden wir halbdurchscheinende Schalen der Argonauten (Kopffüßer) oder die perlmuttfarbigen Schneckenschalen der Seeohren. Über Stufen gelangen wir im Keller zu den Aquarien mit Drachenköpfen, Nagelrochen, Oktopus, Aalen, Seespinnen und einem Hummer. Des Weiteren sehen wir ein giftiges Petermännchen, Muränen, Zackenbarsche, Katzenhaie, Seepferdchen und Glatthaie. Kralja Tomislava 5, 51523 Baška, www.akvarij-baska.com.hr

WEITERE TIPPS

26 **Höhle Biserujka / Insel Krk**
28 **Naturhistorisches Museum in Rijeka**
33 **Festung Nehaj / Senj**
34 **Bärenrefugium Kuterevo**

43 Aquarium von Crikvenica

In 30 Becken beherbergt das Aquarium in Crikvenica über 100 verschiedene Fischarten aus der Adria und ca. 50 Spezies, die in tropischen Meeren beheimatet sind. Die Anlage überrascht mit **ARTEN, DIE MAN NICHT IN JEDEM AQUARIUM SIEHT**. Gleich zu Beginn bewundern wir die prächtigen, giftigen Exoten Rotfeuerfisch, Netzmuräne und Kugelfisch. Neben Seepferdchen, Meerspinnen und Hummer fällt ein Drückerfisch mit seiner oft schrägen Schwimmlage auf. In einem Seitenraum entdecken wir einen südamerikanischen Kaiman. Außer den üblichen Vertretern wie Katzenhaie, Muränen und einem Zackenbarsch sind Schwarzspitzen-Riffhaie und gefleckte Sägesalmler zu sehen. Auch eine Begegnung mit Nemo und Dorie – einem Clown- und einem Doktorfisch – steht im Programm. Witzig bleibt uns der Langnasen-Nashornfisch in Erinnerung. Vinodolska 8, 51260 Crikvenica, http://aquariumcrikvenica.com/de

Was Sie trotz Kindern gesehen haben müssen

44 Burg und Wallfahrtskirche Trsat

Als bester AUSSICHTSPUNKT Rijekas thront die **Burg von Trsat** auf einem steilen Hügel über der Altstadt und dem Flüsschen Rječina. Die einstige **Frankopanen-Festung**, ein vormals römischer Wachtposten am liburnischen Grenzwall. Der frei zugängliche Römerturm bietet den besten Ausblick über Rijeka. Nur mit Führung zu besichtigen sind ein Gewölbe mit Galerie und das von Basilisken bewachte Mausoleum des Grafen Laval Nugent. Nur einen Steinwurf entfernt liegt der bedeutendste und älteste Pilgerort Kroatiens, der auf einer LEGENDE aus dem Jahr 1291 beruht. Das Haus der Heiligen Jungfrau Maria aus Nazareth wurde einst aus Angst vor türkischen Eroberern nach Loreto bei Ancona gebracht. Über drei Jahre stand es vorübergehend im Wald von Trsat. Später gründeten die Frankopanen-Fürsten von Krk an dieser Stelle die **Wallfahrtskirche der Heiligen Muttergottes von Trsat** und ein Franziskanerkloster.

45 Altstadt von Krk

Die malerische, mittelalterliche Altstadt von Krk mit ihren verwinkelten Gassen wird von der Kathedrale Maria Himmelfahrt mit ihrem Glockenturm und der Frankopanen-Festung dominiert. In der dreischiffigen **Kathedrale**, deren heutiges Aussehen im Wesentlichen aus dem 12. Jahrhundert stammt, befindet sich die Grabkammer der Frankopanen. Architektonisch ist sie mit der übereinander gebauten Doppelkirche des Hl. Quirin und der Hl. Margaretha verbunden. In der oberen Kirche des Stadtheiligen Quirin befindet sich eine wertvolle sakrale Sammlung. Einen schönen Blick über die Altstadtdächer, den Platz Trg Kamplin und die Kirche gewährt Zugang zur BEGEHBAREN MAUERKRONE der **Festung der Frankopanen**. Von hier aus wurde während des 12.–15. Jahrhunderts das Schicksal Kroatiens wesentlich mitgestaltet. Um unsere jungen Entdecker mit einem EIS zu belohnen, wenden wir uns am besten zum Großen Stadttor und gehen auf den Vela Placa.

Die Altstadt von Krk vom südwestlich gelegenen Hafen

46 Altstadt von Rab

Mit ihren vier GLOCKENTÜRMEN konkurriert die Stadt Rab um den Titel der schönsten Küstenstadt Kroatiens. Die Besichtigung der historischen Stadt erweist sich durchaus als SPANNENDES ERLEBNIS, wenn man einen der Türme ersteigt. Wendet man sich vom Platz des St. Christophorus zur Bobotine-Treppe, so erreicht man bei den Ruinen des **Festungsturmes des Hl. Christophorus** einen oft fotografierten Panorama-Standort. Über den Stadtpark Komrcar sollte man die stimmungsvolle westliche Uferpromenade Šetalište fra Odorika Badurine aufsuchen – am besten zum Sonnenuntergang. Am Ende der Promenade führt eine Treppe zum Freiheitsplatz hoch. Links in der Gornja ulica erreicht man den malerischen Innenhof mit Säulenruinen der **Basilika des Hl. Johannes** und dem 20 Meter hohen **Glockenturm**. Der um sechs Meter höhere **Campanile** der **Kathedrale Maria Himmelfahrt** bietet das umfassendste Panorama.

Velebit und Velika Paklenica aus der Nähe

NORD-
DALMATIEN

Die Urlaubsregion Norddalmatien

Verglichen mit Istrien und Kvarner besitzt die im Herzen Kroatiens gelegene Region die meisten Nationalparks und Naturparks und auch Kulturschätze von internationalem Rang: Die Karstschluchten der Paklenica, die unzähligen Inseln der Kornaten, die Wasserwunderwelten am Fluss Krka, aber auch die zur Gänze aus Stein errichtete Kathedrale St. Jakob von Šibenik, die ins Weltkulturerbeprogramm der UNESCO aufgenommen wurde. Kommt man vom Tunnel Sveti Rok an die Südseite des Velebit-Gebirges, wähnt man sich schlagartig in eine andere Welt versetzt. Auf der einen Seite ein Reich aus bizarrem Karst mit den höchsten Gipfeln des Velebit, auf der anderen Seite eine liebliche mediterrane Hügellandschaft mit dem Novigrader Meer,

Die Bucht Lojena auf der Insel Levrnaka wird gerne bei Bootsausflügen auf die Kornati-Inseln angesteuert.

das eher wie ein Binnensee wirkt und mit dem offenen Meer über die Meeresenge bei Maslinica verbunden ist. Wie im Kvarner tritt hier zuweilen die berüchtigte Bora mit Windgeschwindigkeiten bis 245 km/h in Erscheinung. Der Effekt der Salzverfrachtung mit dem Wind trifft vor allem die Nordseite der Insel Pag mit ihrer Mondlandschaft. Der höchste Berg Kroatiens, der bei Touristen weniger bekannte Dinara (1831 m), befindet sich ebenfalls in Norddalmatien. An die 380 Inseln liegen vor dem norddalmatinischen Festland, etwa 150 davon gehören zu den Kornatiinseln. Was liegt daher näher, als sich auf ein Boot zu begeben und an Felsklippen entlang eine unberührte Bucht, wie Lojena auf der Kornatiinsel Levrnaka, kennenzulernen? In Zadar, Biograd oder Murter werden Inselausflüge mit Fischpicknick angeboten. Die größeren der Inseln, wie Dugi Otok, Pašman oder Ugljan, sind mit der Autofähre der Linie Jadrolinija erreichbar und stellen somit auch interessante Tagesziele dar. Hat man genug von Sonne und Meeresstrand, so locken die Wasserfälle an der Krka, Zrmanja oder Krupa. Die robusten Abenteurer können die wunderbare Felswildnis an der Krupa auch zu Fuß entdecken. Am Abend, wenn es kühler wird, steht im Sommer einer Besichtigung nichts mehr im Wege. Ob in Novigrad, der Stadt Pag oder an der verwunschenen Ruine Ključica – historische Plätze gibt es in Norddalmatien viele. Nicht nur die pittoreske Altstadt von Šibenik, sondern auch jene von Zadar blickt auf eine bewegte, teilweise 2000 Jahre zurückreichende Vergangenheit. Dazu zählt auch in jüngerer Zeit der Jugoslawienkrieg (1991–1994), von dem man auch noch heute im weniger touristischen Hinterland die Spuren sehen kann.

Der Prosika-Strand südwestlich der Stadt Pag ist selten so leer wie auf dem Foto.

Die schönsten Strände

Die Insel Pag weist mit ihrer 270 Kilometer langen Küste gleich mehrere gute Sand- und Kiesstrände auf, die meistens mit der Blauen Flagge ausgezeichnet wurden, wie der Stadtstrand von Pag namens Prosika, der Strand Trincel bei Stara Novalja oder der Feinkiesstrand Zrce östlich von Novalja. All diese Strände sind sehr populär, im Sommer stark frequentiert und sie bieten alles, was ein geselliger Kroatien-Urlauber braucht. Um die alte Königsstadt Nin befinden sich kilometerlange Sandstrände und Sanddünen. Die Lagune von Nin oder der Königinnenstrand Kraljicina Plaza bei Sabunike ist für Kleinkinder optimal, weil es kaum tiefer wird, keine Wellen gibt und das Wasser Badewannentemperaturen erreicht. In der Bucht gibt es Heilschlamm, mit dem man sich einschmieren kann. Für Kinder ganz lustig, für Schwimmer, Schnorchler oder Partytiger dagegen nicht der geeignete Ort. Manche mögen auch die wilden Seegräser im Sandboden stören.

Sakarun – der schönste Natursandstrand Kroatiens auf der Insel Dugi Otok

Beliebt ist auch der flach abfallende Sandstrand der Ferienanlage Holiday Village Zaton bei Zadar. Der bis 40 Meter breite Blaue-Flagge-Strand verlockt mit einer Wasserrutsche, Hüpfburg und einem Jumpingcenter zum Herumtollen. Tagsüber gibt es Animationsprogramme und aufgeblasene Spielgeräte im Wasser.

Der absolut schönste Naturstrand Norddalmatiens liegt auf der Insel Dugi Otok, nämlich die Sandbucht Sakarun bei Soline. Während man auf einem Kieswall und abgelagerten trockenen Seegräsern liegt, überwiegt im Meer reiner Sand. Die unverbaute, schöne Bucht lockt mit flach abfallendem, türkisen Wasser. Am Parkplatz wird Eintrittsgeld erhoben. Außer der kleinen Fast-Food-Bar Amarcord gibt es keine weitere Infrastruktur. Bei Biograd na Moru liegt die kleine, aber feine von Kiefernwald gesäumte Sandbucht Soline in der Nähe des gleichnamigen Camps. Sehr populär ist auch die wunderschöne Sandbucht Slanica bei Murter. Hier liegt man auf steiniger Erde, doch im Meer trifft man nach wenigen Schritten auf flach abfallenden Sand, der sich auch zu Ballspielen eignet.

Die beliebte Sandbucht Slanica bei Murter kann im Hochsommer recht überfüllt sein.

Für Kleinkinder gut geeignet – die Sandstrände um Nin vor dem Velebitgebirge

47 Aus der Schlucht Velika Paklenica zur Höhle Manita peć

In Winnetous Tal der Toten

Während unsere Jungen nur noch Winnetou-Parodien kennen, sind den Papas und Mamas die Karl May-Filme aus den 60er-Jahren noch gut in Erinnerung. Der Nationalpark Paklenica war Drehort von »Winnetou und Old Shatterhand im Tal der Toten« oder »Unter Geiern«.

Im 95 Quadratkilometer großen **Nationalpark Paklenica** (1949 gegründet) ist der GÄNSEGEIER unter etwa 200 heimischen Vogelarten der König der Lüfte. Mit ein bisschen Glück kann man ihn zwischen den Felswänden über

Ausgangs-/ Endpunkt: Parkplatz 2 km nach Haupteingang des Nationalparks
Anfahrt: Über Autobahn A 1 Ausfahrt Maslenica, Richtung Karlobag, in Starigrad bei brauner Tafel Richtung Nationalni Park Paklenica rechts abbiegen; auch Busverbindungen von Zadar oder Rijeka
Weglänge: Jeweils hin und zurück: Manita peć 7 km; Forsthaus Lugarnica 8 km, Berghütte Planinarski dom 11 km
Höhenmeter: Manita peć 475 m; Forsthaus Lugarnica 275 m, Berghütte Planinarski dom 400 m
Gehzeit: 3,5–4 Std., inkl. Höhlenbesichtigung; Variante 1, Forsthaus Lugarnica, 2,75–3 Std., Variante 2, Planinarski Dom, 4–4,5 Std.
Ausrüstung: Bergschuhe, Sonnenschutz, Proviant und Wasser, Pullover (9 °C in der Höhle)
Tourencharakter: Gut markierte, meist steinige Steige
Altersempfehlung: Für robuste, gehfreudige Kinder ab 6 Jahre
Öffnungszeiten: Nationalpark Paklenica: Mai bis September; Höhle Manita peć: Führungen durch Manita peć Höhle von 10–13 Uhr an folgenden Tagen: IV SA, V/VI/X MO/MI/SA, VII/VIII/IX täglich
Preise: Nationalpark Paklenica: Erwachsene 50 Kn bzw. 7 €, Kinder 30 Kn; Höhle Manita peć: 20 Kn für Erwachsene, 10 Kn für Kinder (7–18 Jahre)
Informationen: www.np-paklenica.hr/de

In den Sommermonaten wird der Aufstieg zur Höhle Manita pec zur Hitze-Belastungsprobe. Ein lieber Papa erleichtert das Vorhaben ungemein.

dem Canyon erspähen. Und wer weiß, vielleicht hat sich doch noch ein Apache hierher verirrt? Die derzeit verschlossene **Bunkeranlage** Bunkeri stammt aus den Zeiten Titos, als Starigrad noch im militärischen Sperrgebiet lag. Im Bereich des Debeli Kuk verbreitert sich der bis zu 50 Meter schmale Canyon zu einem kleinen Platz zwischen himmelhohen Wänden, die von vielen Kletterrouten durchzogen sind. Dann wechseln wir die Talseite nach rechts, wo der steingepflasterte Weg neben dem nun sprudelnden Bach in Serpentinen hinaufführt. Wir passieren an einer Wegkehre die INFOTAFEL zum Klettergipfel **Anića Kuk** mit seiner 400 Meter hohen Nordwand. Kurz danach entdecken wir beim Wegweiser zum Anića

ETHNO-HAUS

Einkehren kann man auch im Ethno-Haus in Marasovići mit Museum und Konoba (vor NP Haupteingang). Geöffnet von Mai bis Ende Oktober 14–20 Uhr.

Die Felsschlucht Velika Paklenica im Bereich Debeli kuk

Oben: Im Ethno-Haus in Marasovići wurde eine Konoba und ein Museum eingerichtet.

Kuk einen kühlen NATURRASTPLATZ am Bach. Es folgt eine Trinkwasserquelle am Wegesrand und eine INFOTAFEL zur Geomorphologie. Nach 50 Minuten erreichen wir **Anića Luka** (250 m), einen flachen, durch Ulmen und Buchen beschatteten Wegabschnitt, an dem der Bach abseits ruhig dahinfließt. Hier kann jeder seine PICKNICKSTELLE am Wasser finden und unsere kleinen Kumpane können ihre Dämme bauen. An der Wegtafel zur Mala Paklenica und nach Seline vorbei gelangen wir zur INFOTAFEL über die Höhlen des Gebietes. Dann zweigt der Steig zur Manita peć nach links ab. Da die Höhle nur bis 13 Uhr zur Besichtigung mit Führung geöffnet ist, sollte man das bei der Zeitplanung berücksichtigen. Ist man dagegen spät dran oder will man gerne einkehren, so empfiehlt sich die Fortsetzung des Weges durch die Schlucht. Der Höhlenzustieg will über einen steinigen und sonnenexponierten Serpentinensteig erkämpft werden, offenbart aber einen herrlichen AUSBLICK zu den höchsten Velebitgipfeln. Vor der **Höhle Manita Peć** befindet sich eine kleine Aussichtsplattform mit Blick zum Anića Kuk sowie schattige Rastbänke vor dem Eingangsportal (550 m, Aufstieg gesamt ca. 2 Std.). Auf 175 Meter Länge führen zahlreiche Stufen 35 Meter tief in den Berg hinab, wo wir TROPFSTEINE in drei großen Höhlensälen bewundern können. Für die Fortsetzung des Schluchtweges verkündet ein Wegweiser eine Gehzeit von 30 Minuten bis zum **Forsthaus Lugarnica** (370 m) und 50 Minuten zur **Berghütte Planinarski Dom** (495 m). Tatsächlich sollte man aber mit einer etwas längeren Gehzeit rechnen. Begleitet von einem Vogelkonzert und dem Rauschen des Baches trifft man hier auf alte, versteckte MÜHLEN. Beide Hütten bieten von Mitte April bis Ende Oktober Getränke und Snacks täglich von 10 bis 17 Uhr an. 5 Minuten von der Berghütte entfernt liegt die Hütte **Ivančic Dom**. Hier erhält man laut Tafel Bohnen, Gulasch, Barbecue, Pager Käse und »Brandy free« für die braven Papas. Der Rückweg erfolgt auf demselben Weg.

In der Höhle Manita pec kann man Tropfsteine in drei großen Hallen bewundern.

48 Im wilden Krupa-Canyon und an der Zrmanja

Dieser Weg wird kein leichter sein …

Dass man im Krupa-Canyon und an der Zrmanja nicht nur Rafting betreiben und Kajak fahren, sondern auch Trekkingtouren unternehmen kann, hat sich noch nicht wirklich herumgesprochen.

An der Mauerecke des Bauernhofes weist in Richtung Kudin Most eine rote Wegtafel, der wir vor dem Hof nach rechts in eine von Steinmauern begrenzte Wiesengasse folgen. Beim Vorantasten von einer weiß-roten Punktmarkierung zur nächsten aktivieren wir am besten unsere jungen WEGE-SCOUTS. Am Ende der Siedlung wird der Steig deutlicher, senkt sich nach Süden hinunter und schenkt uns bald erste Tiefblicke in die **Schlucht der Krupa**. Am Rand der Felsabbrüche leiten die Steigspuren kurz nach links. Nach einer Kehre queren wir wieder

Abkühlung am Wegesrand

Ausgangs-/ Endpunkt: Bauernhof am Ende der Asphaltstraße in Ravni Golubić
Anfahrt: Autobahn A 1, Ausfahrt Maslenica, Richtung Obrovac, vor dem Prezidpass rechts nach Golubić/Krupa abzweigen, 2 Min. nach Ortstafel Golubić rechts nach Ravni Golubić und links (Vratolom) bis zum Ende der Asphaltstraße
Weglänge: 6 km
Höhenmeter: 320 m
Gehzeit: 3,5 Std.
Ausrüstung: Bergschuhe, Sonnenschutz, Proviant und genügend Wasser, optional lange Hose
Tourencharakter: stark sonnenexponierte Steige, die Trittsicherheit erfordern
Altersempfehlung: für robuste Entdecker ab 7-8 Jahren geeignet
Einkehr: keine Möglichkeit, Selbstversorgung
Informationen: Die 2003 neueröffneten Wege entlang der Krupa werden durch den Wanderverein HPD Pliva betreut; Pläne siehe www.hpdpliva.hr

Imposante Tiefblicke in die Schlucht der Krupa beim Abstieg vom Felsgrat Vratolom

hinüber auf den **Felsgrat Vratolom**. Auf der anderen Seite hören wir den Wasserfall Visoki Buk, den wir später noch aus der Nähe sehen werden. Im geröllbedeckten Steilgelände heißt es achtgeben. Wegen einiger heikler Stellen ist es besser, sich dort, wo der Steig auf die rechte Seite des Grates wechselt, kurz am Grat links abwärts zu halten, und erst nach 50–70 Metern nach rechts zu wechseln. Schließlich erreichen wir den Wiesensaum des Talbodens, der bereits an der Zrmanja liegt. Ein Abstecher führt nach rechts zu einem Aussichtsfelsen gegenüber dem **Visoki Buk**, mit 10 Metern Fallhöhe der höchste und schönste WASSERFALL an der Zrmanja. Kurz vor dem Wasserfall befindet sich ein seichter, schattiger Nebenarm – ein idealer RASTPLATZ. Danach kehren wir entlang der Wiese zurück und folgen der

Krupa von der Mündung flussaufwärts, teilweise über Geröll querend. An einem niedrigen, aber schönen TRAVERTIN-WASSERFALL bietet sich nochmals eine kurze Rast an. Hat man genug vom Entdecken dieses Naturparadieses, so setzt man die Tour auf Trockenmauern fort. Einen höheren Wasserfall sieht man leider nur von Weitem. Unser Pfad quert den Felsgrat **Babin grad** am rauschenden Wasser. Dann gehen wir hart am Fels entlang zur inneren Fluss-Schleife. Nun darf man sich nicht von bergseitigen Pfadspuren auf Geröll irreführen lassen, sondern folgt dem Weg direkt neben dem Wasser durch kleine Auwälder. Wir streifen eine **Felspassage an einer Seitenbucht** mit Seerosen und gelangen zu einer **Wiesenlichtung**. Kurz vor einem Felssporn erkennt man **unmarkierte Steigspuren** vor der nächsten Flussbiegung, die nach links aufwärts führen. Diesen folgen wir zügig hinauf, stellenweise über Geröll, dann auf ausgeprägtem Steig mit herrlichen Tiefblicken. Sobald wir die Hochfläche erreichen, wenden wir uns vor der querenden Trockenmauer am Kamm nach links. Nun gehen wir immer am Rand vor den Felsabbrüchen hinauf und auf der Hochfläche links neben den Steinmauern entlang, bis wir auf die rote Markierung treffen. Zuletzt

AUSSICHTSPUNKT

Zwischen Maslenica und Obrovac bietet sich ein lohnender Abstecher zum AUSSICHTSPUNKT ZRMANJA PUEBLO PLATEAU an. Beim Strommast Nr. 87 (Hinweis Parižvacka glavica) zweigt ein Schotterweg zum Winnetou-Drehort ab, der einen atemberaubenden Blick auf den Canyon der Zrmanja gestattet.

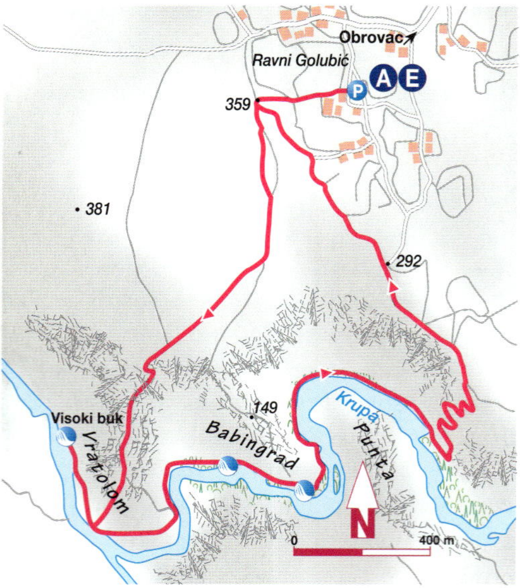

geht es nach rechts hinüberquerend in die Wiesengasse zwischen den Steinmauern zum Ausgangspunkt.

Hinweis

Für alle, die die einzigartige Wasserlandschaft lieber mit dem BOOT erleben wollen, seien **Rafting, Canoe Safari** oder **Kayaking-Touren** an der Krupa oder Zrmanja empfohlen. Bei höheren Wasserständen (April–Juni) werden Rafting-Touren angeboten, bei niedrigeren Canoe Safari und Kayaking. Touren von renommierten Veranstaltern, bei denen Kinder ab 8 Jahren in Begleitung eines Elternteils teilnehmen dürfen, findet man auch im Internet, z. B. unter www.raftrek.hr.

Am Wasserfall Visoki Buk an der Zrmanja müssen auch die Wassersportler zu Fuß gehen.

49 Novigrad

Eine Festungsruine, enge Gassen und ein Meeresarm

Die malerische Ortschaft Novigrad liegt verschlafen am Ende eines kleinen Meeresarmes des Novigrader Meeres und wartet darauf, mit ihren altehrwürdigen Häusern, die sich fotogen über den Hang staffeln, entdeckt zu werden.

Die Altstadt von Novigrad an fjordartigem Meeresarm

Wir gehen am Hafenufer am Ende des Meeresarmes entlang und wenden uns bei der großen Treppenanlage neben dem Sonik Market in der Ulica Don Ante Oštrića nach rechts aufwärts. Nach wenigen Schritten kommen wir rechts zur **Pfarrkirche Mariä Geburt** mit freistehender Glockenanlage. In der Gemeindekirche wird ein Gewand aus Samt aufbewahrt, welches der LEGENDE nach von der eingekerkerten Königin Elisabeth gewebt wurde.

Ausgangs-/ Endpunkt: Parkplatz in Novigrad am Ende des Meeresarmes
Anreise: Autobahn A 1, Ausfahrt Posedarje, Richtung Novigrad gut ausgeschildert
Weglänge: 1,75 km
Höhenmeter: 80 m
Gehzeit: 1 Std.
Einkehr: Konoba Mika, Priko Gromile 6, Familienbetrieb mit urigem Ambiente, schöner Aussichtsterrasse und gutem Speisenangebot, Fische und Fleisch werden auf offener Feuerstelle zubereitet, aber auch Pizza; Eiscreme gibt es im Café Dan, Ecke zur Grge Oštrića.
Informationen: Tourismusverband Novigrad, Trg kralja Tomislava 1, 23312 Novigrad, www.novigrad-dalmacija.hr, Tel. +385/23/37 50 51

Links der Stufen liegt das **Große Tor** bewacht von Schießscharten eines Festungsturmes. Wir setzen den Weg über die Steintreppen fort und gelangen in Kürze an die Felsen der obersten Festungsmauern, wo Holzstege nach

Der Abstieg von der Festung Fortica erfolgt über uralte Steintreppen.

links in die TORANLAGE der **Festung Fortica** (13. Jh.) führen. In der Festung war im Jahre 1386 die Königin Elisabeth, Witwe des verstorbenen kroatisch-ungarischen Königs Ludwig I. von Anjou zusammen mit ihrer Tochter Maria gefangen. Im Streit um die Krone wurde Maria von König Sigismund zur Hochzeit gezwungen und ihre Mutter erdrosselt. Mit-

Die große Treppenanlage in der Ulica Don Ante Oštrića führt hinauf zur Festungsruine.

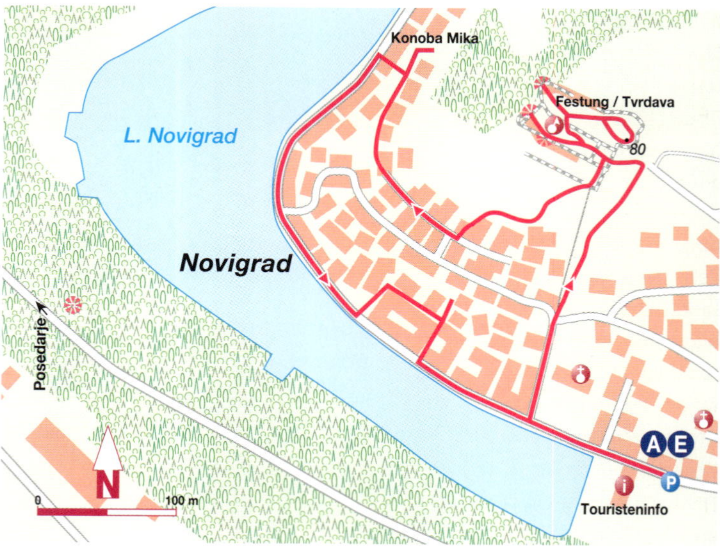

hilfe des Fürsten Frankopan von Krk und der Venezianer gelang Maria die Flucht aus dem Verlies. Die Burg wurde darauf an die Republik Venedig verkauft, 1646 von den Türken erobert und nach der Rückeroberung durch die Venezianer im Jahre 1797 aufgegeben. Der Pfad führt weiter in den mittleren BURGHOF MIT SITZBANK und Blick auf die Altstadt und den äußeren Meeresarm von Novigrad, über dem sich die höchsten Gipfel des Velebitgebirges erheben. Die auf Felswänden thronende Hochburg lässt sich über Steinstufen erreichen, jedoch ist der obere Burghof der Festung stärker verwachsen. Der Abstieg führt uns zurück an die Toranlage. Von dort gelangen wir innerhalb der Festungsmauern über Steintreppen in den untersten Bereich, wo ein Steig über Felsen und Schotter hinunter zum Beginn der alten Häuser führt. In der Gasse Bana Ivana Paližne halten wir uns rechts und in der einmündenden Gasse Don Šime Čorića ebenfalls, bis wir an der Hinweistafel zur Konoba Mika stehen (siehe Einkehr). Von hier wechseln wir auf die Uferstraße hinab, wo wir unsere Runde nach links fortsetzen. Ein lohnender Abstecher führt uns nach dem Café Dan in der Gasse Grge Oštrića nach links zum schönen **Marktplatz** hinauf (Hinweistafel Tržnica), wo es eine vormittags geöffnete Bäckerei gibt. Wir beenden unsere Runde am Uferweg.

RAFTING UND BOOTSTOUREN

Rafting an der Zrmanja oder Exkursionen per Boot werden in der Flashbar (Uferstraße in Höhe der Gasse Kap Tome Sinovćica) durch Flashing Tour angeboten.

Der Familienbetrieb der Konoba Mika lädt zur Stärkung bei herrlichem Ausblick ein.

50 Festungsruine Ključica

Verwunschen wie im Märchen

Wie ein Wächter vor dem dramatischen, bis zu 170 Meter tiefen Čikola-Flusscanyon thront die Festungsruine Ključica einsam auf einem hohen Felsen in einem fast vergessenen Nebental der Krka. Dennoch lohnt sich die Mühe, diesen verwunschenen Ort aufzusuchen.

Kein Hinweisschild weist auf diese abgelegene, besterhaltene Festung an der Krka hin. Achtung: Verfehlt man den beschriebenen Ausgangspunkt, so ist man genötigt, den schmalen, unangenehmen Fahrweg mit fünf Spitzkehren über den Steilhang bis nach unten ins Tal der Čikola weiterzufahren. Vom Ausgangspunkt folgen wir dem Fahrweg nach Süden, halten uns aber an einem abzweigenden Karrenweg gleich links und nach etwa 110 Meter nochmals links. Ehe dieser Weg wieder in den oberhalb führenden einmündet, biegen markierte Steigspuren links ab. Wir wandern den landschaftlich schönen Steig mit der **Ruine Ključica** im Blick entlang einer Geländekante

Ausgangs-/ Endpunkt: Wiese am Rand des Hochplateaus
Anfahrt: Autobahn A 1, Ausfahrt Šibenik, links Richtung Drniš, dann links Richtung Visovac/Miljevci und in die Čikolaschlucht (Infotafel) hinunter, nach Schleife aufwärts links in die erste Querstraße abbiegen; in Ključ bis zu einmündender Fahrstraße von links (auf deren linker Seite befindet sich eine Trockenmauer, gegenüber eine vorspringende Betonmauer); dort links und geradeaus hinter die letzten Häuser der Siedlung; genau 1,5 km entlang der Hochfläche in südwestlicher Richtung; sobald der Schotterweg in südliche Richtung schwenkt, sollte man rechts auf einer Wiese vor einer Steinmauer parken, noch bevor sich der Weg absenkt.
Weglänge: 2,5 km
Höhenmeter: 120 m
Gehzeit: 1,5–1,75 Std.
Ausrüstung: Bergschuhe, Sonnenschutz, ausreichend Proviant, vor allem Wasser
Tourencharakter: Wanderung in anspruchsvollem Terrain, teilweise über Geröll und Felsen, Gegenanstieg zur Ruine; Trittsicherheit und Orientierungsvermögen erforderlich; Besucher sollten keine Angst im steilen Gelände haben.
Altersempfehlung: Ab 7–8 Jahre
Einkehr: Keine Möglichkeit, Selbstversorgung

vor dem Graben abwärts. Direkt unter dem unteren TOR DER RUINE führen nun steile Pfadspuren teilweise über Geröll hinauf. Von dort gelangen wir direkt in den unteren, steil abfallenden Burghof. Über gestufte Felsen und Felsplatten erklimmen wir das anspruchsvolle Gelände weglos in Serpentinen. Durch einen weiteren Mauerdurchlass betreten wir die Hauptburg. Rechts liegen die Reste der ehemaligen Burgkapelle. Am südöstlichen Ende der Festungsmauern öffnen sich IMPOSANTE BLICKE über steilen Felswänden (Vorsicht mit Kindern) in die **Čikola-Schlucht**, deren oberer Abschnitt im Sommer bis zum **Toraksee** austrocknet. Die einstige Wehrburg wurde im Jahr 1330 zur Kontrolle des Handelsweges über dem Fluss errichtet. Die Türken eroberten die Festung 1546 und konnten erst über 100 Jahre später wieder vertrieben werden. Seitdem liegt die Burg verlassen wie in einem Dornröschenschlaf. Ein inneres Tor leitet in den nördlichen Teil der Anlage. Hier finden wir Holztreppen, die uns hinaus zu STEGEN AN DER NÖRDLICHEN AUSSENMAUER führen. Am nördlichen Ende der Anlage liegt der runde Bergfried, der mit einsturzgefährdeten Mauerresten in ca. 150 Meter Seehöhe Wind und Wetter trotzt. Nach einer Rast kehren wir über den gleichen Weg in den Graben unter der Ruine zurück und gehen von dort über den Steig aufwärts. Eine ausgedehntere Runde über den Talboden ist wegen des schlechten Wegzustandes nicht zu empfehlen.

Die Festungsruine Ključica auf einem Felsgrat vor der imposanten Cikola Schlucht

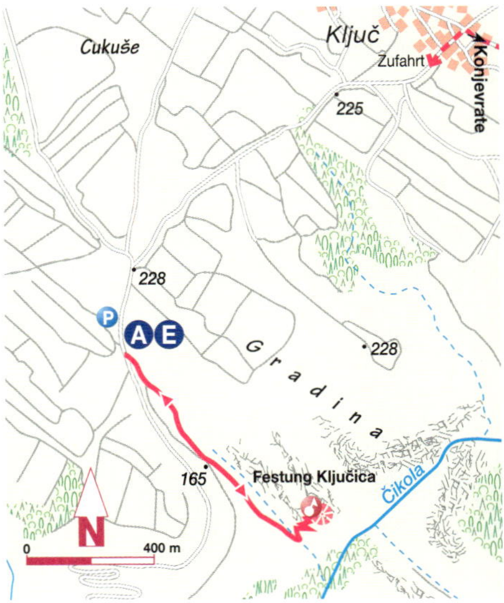

51 Rundwanderung am Wasserfall Roški Slap

An stilleren Winkeln der Krka

Die über 25 Meter hinabstürzenden Wasserfälle des Roški Slap mögen zwar nicht so spektakulär wie der Skradinski Buk sein, doch schön ist es hier allemal, und ruhiger ist es auch. Ein Highlight für Sportliche ist der kühn angelegte Treppensteig über 516 Stufen hinauf zur Oziđana-Höhle.

Vom Parkplatz gehen wir an der rechten Seite flussaufwärts, vorbei an einer Mühlenruine. LEHRTAFELN informieren uns zweisprachig (kroatisch/englisch) zum Thema Reptilien und Travertin, dem Gestein der Gegend. Dann zweigt die abenteuerliche **Steiganlage zur Oziđana-Höhle** rechts ab.

Ausgangs-/ Endpunkt: Parkplatz Roški Slap östlich der Siedlung Marasovići
Anfahrt: Autobahn A 1, Ausfahrt Skradin, bei Kreuzung geradeaus Richtung Plastovo, dann den Wegweisern Richtung Roški Slap folgend durch Ićevo zur Infostelle des Nationalparks (Eintritt); danach über Autobrücke zum Parkplatz
Weglänge: 3 km, ohne Höhle 2,25 km
Höhenmeter: 140 m, ohne Höhle 35 m
Gehzeit: 1,25 Std., mit Pausen gute 2,5 Std.
Ausrüstung: Sportschuhe, Sonnenschutz, Proviant und Wasser, eventuell Badesachen
Tourencharakter: Rundwanderung auf guten Wegen, auch für Kinderwagen geeignet, Zustieg zur Höhle eher für Sportliche
Einkehr: Buffet bei den alten Mühlen, schattig in urigem Ambiente am rauschenden Bach: es gibt Sandwich, dalmatinischen geräucherten Schinken, Käse und Getränke
Öffnungszeiten: Juni bis September 8–20 Uhr; Wassermühlen geöffnet April bis Oktober, im Sommer von 10–19 Uhr
Preise: Tageseintritt 110 Kn für Erwachsene, 80 Kn für Kinder (7–14 Jahre); Wassermühlen Eintritt frei
Informationen: Auf Englisch: www.npkrka.hr, auf Deutsch: www.nationalpark-krka.de, Infostelle am Parkplatz (bezüglich der Ausflugsboote zum Kloster Krka oder zur Insel Visovac)

Am Beginn der Holzstufen berichtet eine Infotafel vom Roški Slap. Holzstege führen nun im Zickzack über die steilen, felsigen Talflanken etwa 100 Höhenmeter hoch. Unterhalb der Felswand mit der Höhle verrät eine Infotafel Details zur HÖHLE Oziđana Pecina. Dann folgt die Abzweigung nach rechts zur Höhle über einen KÜHNEN HOLZSTEG, der förmlich an der Felswand klebt. Der aussichtsreiche Platz an der rund 20 Meter hohen Felsklippe vor dem Höhlenportal ist gleichsam mit einer NATÜRLICHEN KLIMAANLAGE ausgestattet. Stege leiten ins Innere der 59 Meter langen prähistori-

INSEL VISOVAC

Wer den Hauptfall des Roški Slap aus noch größerer Nähe betrachten möchte, muss sich auf das AUSFLUGSBOOT des Nationalparks begeben. Der Transfer zur Insel Visovac mit dem Benediktinerkloster aus dem Jahr 1445 ist jedoch im Eintrittsticket zum Roški Slap nicht enthalten und extra zu bezahlen.

Kühn angelegte Holzstege leiten zum kühlen Höhlenportal der Oziđana pecina, einem angenehmen Rastplatz im Hochsommer.

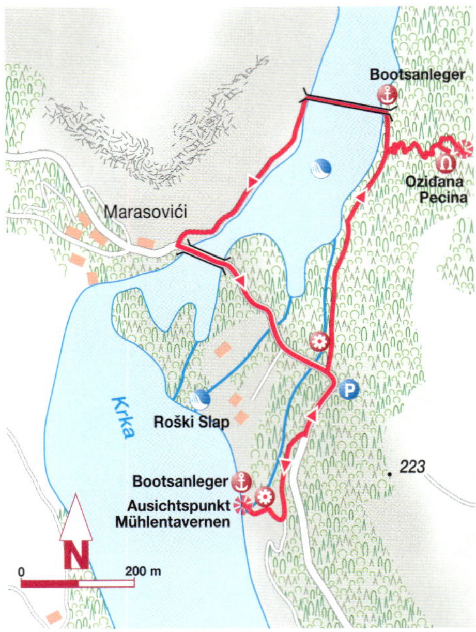

schen Stätte, in der einst unter anderem zwei steinzeitliche Kinderskelette gefunden wurden. Wenn wir noch ein Stück aufwärts steigen, erreichen wir eine große, sonnenexponierte **Aussichtsplattform** über der Höhle, die mit Rastbänken ausgestattet ist. Von oben erkennt man recht gut, warum die kleinen, bis 450 Meter breiten Kaskaden oberhalb des Hauptfalles des Roški Slap **Halsketten** genannt werden. Der Legende nach wären die Schwellen im Wasser Reste der Mauern der versunkenen Stadt Roški. Nach der Rast steigen wir denselben Weg hinab. Unten im Tal angekommen folgen wir dem Makadamweg nach rechts. An der **Fußgängerbrücke** über die Krka liegt die Bootsanlegestelle zum Kloster Krka flussaufwärts. Wir wechseln jedoch über die

Auf kindergerechten Wegen für junge Entdecker

Auf der letzten Gefällestufe zum See Visovac befinden sich einige alte Wassermühlen mit Ausstellungsräumen und Buffet.

Holzstege an die andere Uferseite, wo uns eine weitere Infotafel zum Thema Vögel erwartet. Nach einigen Metern über den Kiesweg flussabwärts liegt links eine Uferstelle, die sich für eine kleine SPIELPAUSE und Rast am Wasser anbietet. Entlang des Wandfußes streifen wir eine Infotafel über Fische, ehe wir die **befahrbare Brücke** zum Parkplatz überschreiten. Um den Hauptfall sehen zu können, müssen wir dem Fahrweg in Richtung **See Visovac** folgen. Wir wechseln nach wenigen Metern auf eine rechts abzweigende Forststraße, die uns zu den ALTEN WASSERMÜHLEN in der Nähe des Seeufers bringt. Man kann auch die Stufen zwischen den alten Steinhäusern hindurch wählen, wo wir URIGE RASTPLÄTZE mit Buffetbetrieb und interessante **ethnografische Ausstellungen** vorfinden. Unterhalb kann man im kühlen Wasser des Sees baden oder zumindest Wasser treten und sich erfrischen. Daneben befindet sich der Bootssteg der Besucherboote des Nationalparks, von dem man endlich den 15 Meter hohen HAUPTFALL DES ROŠKI SLAP aus etwa 160 Metern Entfernung erblickt!

Der Hauptfall des Roški Slap am See Visovac

52 Eine Bootsfahrt mit Rundwanderung am Wasserfall Skradinski Buk

Ein Erlebnistag im Reich der Krka-Wasserfälle

Ohne Zweifel bieten die 17 Kaskadenstufen des Skradinski Buk über einer Länge von 800 Metern das schönste und beliebteste Naturspektakel weit und breit. Aber auch das in verschiedenen Grüntönen leuchtende Wasser, das wir auf Holzstegen überschreiten, ist eine Augenweide.

Im Jahr 1985 wurde die Krka auf zwei Drittel ihrer Flusslänge zum Nationalpark erklärt. Wir starten mit einer erlebnisreichen BOOTSTOUR von Skradin aus und steigern auf diese Weise die Vorfreude auf die berühmte Was-

Ausgangs-/ Endpunkt: Parkplatz in Skradin
Anfahrt: Autobahn A 1, Ausfahrt Skradin, den Wegtafeln Richtung Krka Nationalpark rechts folgen zum Parkplatz in Skradin; auch regionale Busverbindung von Šibenik
Weglänge: 3 km
Höhenmeter: 50 m
Gehzeit: 1,25 Std. ohne Pausen, mit Pausen aber auch als Halbtagestour möglich
Ausrüstung: Festes Schuhwerk, Sonnenschutz
Tourencharakter: Rundwanderung auf geschotterten Wegen, Treppen und Holzstegen; im Sommer teilweise Staus an Holzstegen; für Kinderwagen geeignet, abgesehen von Treppen
Einkehr: Im Nationalpark: Selbstbedienungs-Restaurant Kalikui, Restaurant Stari mlin (gehobene Küche); in Skradin: Pizzeria Paulonija, Grgura Ninskog beim Konzum-Market; Restoran Skala, Rokovača 7, oberhalb Hafenende der ACI Marina Skradin
Öffnungszeiten: 8–20 Uhr
Preise: Eintritt (inkl. Bootstransfer und Besuch Ethnografisches Museum): 110 Kn für Erwachsene, 80 Kn für Kinder (7–14 Jahre); WC 5 Kn (!); aktuelle Preisliste: www.npkrka.hr
Informationen: Auf Englisch: www.npkrka.hr, auf Deutsch: www.nationalpark-krka.de ; Busfahrplan: Autotransport d.d. Šibenik ATP Tours, sh. http://atpsi.hr

Am Wasserfall Skradinski Buk darf auch gebadet werden.

serlandschaft. Zur Bootsanlegestelle geht man vom Parkplatz in Skradin neben dem schönen Park rechts vom SPIELPLATZ entlang. Die offiziellen Abfahrten sind von 8–18 Uhr zur vollen Stunde ausgewiesen. In der Hochsaison verkehren die Boote jedoch alle halbe Stunde. Nach vier Kilometern Bootsfahrt stromaufwärts legt das Schiff wieder an. Kurz hinter der Anlagestelle erreichen wir eine große Liegewiese, die von zwei Restaurants und Souvenirläden flankiert wird. Dann stehen wir vor der grandiosen Kulisse des WASSERFALLS SKRADINSKI BUK, vor dem schon Winnetou im Kanu ruderte. Von drei Seiten fallen die Wassermassen herab. Über einen Brückensteg gelangen wir über das Wasser mit

ALTSTADT VON SKRADIN

Ein Erkundungsgang durch die verwinkelten Altstadtgassen von Skradin oder hinauf zur Festungsruine lohnt sich. Am westlichen Ende der Uferpromenade trifft man auf die EISDIELE Slastičarnica Bura mit einer großen Auswahl an Eissorten.

Skradin liegt malerisch am Ufer der Krka.

immer wieder neuen Aussichtspunkten. Es folgt ein Stand mit der **Elektroturbine** des Wasserkraftwerkes, das bis zum Ersten Weltkrieg in Betrieb war. Steintreppen leiten hinab zu einer **Aussichtsplattform** mit Holzbänken. Im Schatten entlang des Weges offerieren Einheimische Früchte und Nüsse zur Stärkung. Im weiteren Wegverlauf kann man sich zwischen der gepflasterten Straße und einer Abkürzung über Treppen

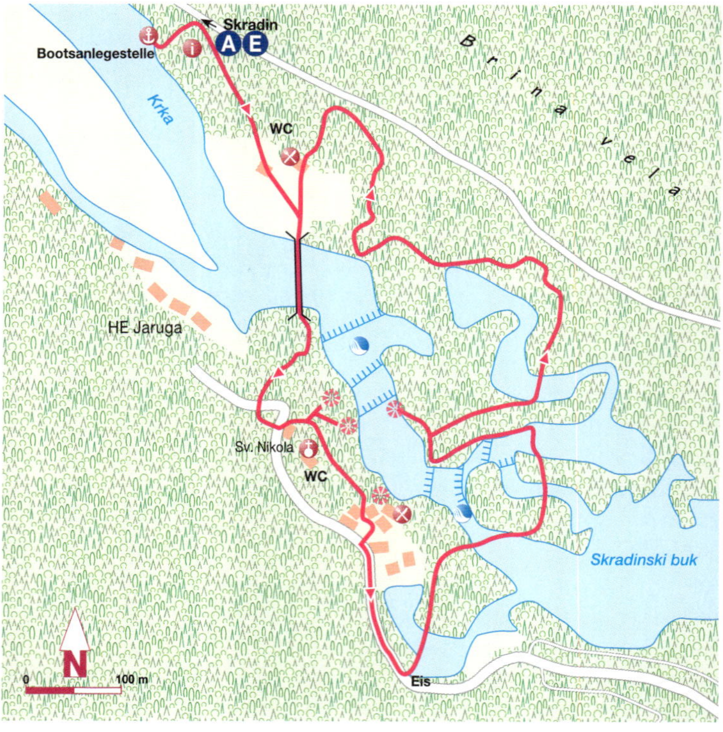

Aussichtskanzeln ermöglichen großartige Einblicke in das gewaltige Wasserschauspiel der Krkafälle.

entscheiden. Nach etwa 25 Minuten von der Bootsanlegestelle empfängt uns das **Ethnografische Museum**, das am oberen Katarakt in einer ALTEN MÜHLE untergebracht ist. Die ÖKO-WASCHMASCHINE in einem runden Steinbecken muss man gesehen haben! Wir besichtigen eine Schmiede mit Feuerstelle, eine Weberei, eine Bäckerei und einen T-Shirt-Shop. Hinter den Hütten lockt das Restaurant Stari mlin mit Tischen im Schatten. Die Fortsetzung unserer Runde erfolgt über die breite, kaum befahrene Straße und nach weiteren 15 Minuten zweigen wir bei einer Übersichtstafel nach links zu den HOLZSTEGEN ab. Der Ausblick auf die abwechslungsreiche Landschaft mit ihrem Wasserschauspiel nimmt uns immer wieder gefangen. Zweisprachige Infotafeln weisen in Kroatisch und Englisch auf die Flora und Fauna des Gebietes hin. Dem Wegweiser mit Fußsymbol folgend, machen wir einen Abstecher zu einem weiteren **Aussichtspunkt**. Zurück am Weg setzen wir die Runde nach links fort. Nach ca. 30 Minuten auf den Holzstegen folgt ein RASTPLATZ mit Tischen und Bänken im Schatten. Daneben können die Kinder am Wasser spielen.

Nach einem weiteren **Aussichtspunkt** führen Stufen hinab zur eingangs erwähnten Liegewiese, von der aus wir in Kürze die Bootsanlegestelle nach Skradin erreichen.

53 Im Falkenzentrum Sokolarski Centar

Lehrreiches über Eulen und Falken

»Wir sind kein Zoo« – auf diese Feststellung legt Emilio Menđušić, der Gründer und Manager des Falkenzentrums in Dubrava, großen Wert. »Wir sind ein Spital«, heißt es im nächsten Atemzug. Das kleine Team ist sehr bemüht, Besucher für Greifvögel zu sensibilisieren.

Uhu – König der Wälder

Das Falkenzentrum ist einmalig in Kroatien. Verletzte GREIFVÖGEL werden hier operiert und wieder gesund gepflegt. Die Wartezeit, bis uns die Vögel vorgestellt werden, können wir an der Bar verkürzen, die an einem Wasserbecken im schönen, mediterran gestalteten Hof liegt. Sofern wir Hunde dabeihaben, müssen diese im Auto bleiben – nicht weil sie die Vögel gefährden, sondern weil sie von den Vögeln angegriffen werden könnten. Die engagierten Mitarbeiter versuchen dennoch, dem Besucher Ängste vor den Raubvögeln zu nehmen und versorgen uns mit interessanten Informatio-

Ausgangs-/ Endpunkt: Waldparkplatz in Dubrava kod Šibenika, Škugori bb, Šibenik
Anfahrt: Autobahn A1, Ausfahrt Šibenik, rechts Richtung Šibenik, dann zweimal rechts nach Dubrava abbiegen und den Wegweisern Richtung Sokolarski Centar folgen, zuletzt über Schotterstraße
Gehzeit: 45 Min.
Einkehr: Kleine Bar mit Getränken im Hof
Öffnungszeiten: 1. April bis 1. November von 9–19 Uhr, laufend Führungen
Preise: Eintritt; 45 Kn Erwachsene, 35 Kn Kinder
Informationen: www.sokolarskicentar.com (kroatisch), Tel. + 395/915/06 76 10

Wer sich traut, darf den Falken auf die Hand nehmen und füttern.

nen: **Eulen** – die Königinnen der Wälder – fangen Beutetiere, die bis zu dreimal so groß und schwer wie sie selbst sind, und das sind immerhin Tiere bis etwa 12 Kilogramm – sogar Füchse. Ihre Geheimwaffe ist ihre lautlose Annäherung im Flug. Sie können dabei eine Geschwindigkeit von 110 km/h erreichen. Die Eule, die wir ganz nah vor Augen haben, erduldet sogar, wenn der Pfleger uns vorführt, dass Eulen ein wasserdichtes Federkleid besitzen. Den amerikanischen **Harris-Hawk-Falken** dürfen wir dann sogar selbst AUF DEN ARM NEHMEN und mit einem toten Küken FÜTTERN. Diese Falken werden in eigenen Gehegen gezüchtet und für Demonstrationen herangezogen, weil ihre Fähigkeiten denen der heimischen Wildfalken sehr ähnlich sind. Ein Vogel, der in der Natur aufgewachsen ist, wäre dafür ungeeignet. Bei Interesse kann man auch an einer Führung durch das Spital teilnehmen. In der Gewissheit, mit unserem Obolus zur Erhaltung und zum Schutz der Greifvögel beigetragen zu haben, verlassen wir die Station wieder.

54 Action und Spaß im Solaris Aquapark

Im ersten Aquapark von Norddalmatien

Das Solaris Beach Resort bei Šibenik hat im Jahr 2013 sein erfolgreiches Konzept um einen neuen Aquapark erweitert und die Besucherzahlen dürften die Erwartungen der Projektverantwortlichen bestätigen.

In Dalmatien ist dieser ERLEBNISWASSERPARK zumindest bis 2015 ohne Konkurrenz, da das Aquaparkprojekt Dalmatia in Dugopolje bei Split noch in der Bauphase ist. Vom Parkplatz gehen wir in Fahrtrichtung bis zur Rezeption, wo der Eintritt zu bezahlen ist. Zur Übersicht der Freizeitangebote gibt es an der Rezeption einen Flyer. Im eingezäunten Resort halten wir uns immer links, bis wir das Aquaparkgelände zwischen dem Solaris Kinderhotel Andrija und dem Solaris Hotel Jakov antreffen. Ein fantasievoll angelegter WASSERSPIELPLATZ mit mehreren RUTSCHEN, MASSAGEDÜSEN und WASSERFÄLLEN sowie einem STRÖMUNGSBECKEN, in dem man erholsam auf Schwimmreifen dahingleitet, garantieren Action und Spaß für die ganze Familie und lassen Kinderträume wahr werden. Für kleinere Kinder stehen Schwimmwesten zur Verfügung, wobei die Verwendung derselben auf den Rutschen nicht gestattet ist. Die Übergangs-

Ausgangs-/ Endpunkt: Kostenloser Parkplatz schräg gegenüber dem Aquapark
Anfahrt: Autobahn A 1, Ausfahrt Šibenik, in Richtung Süden durch Dumboćica-Tunnel, nach einer Schleife Richtung Primošten, am CineStar und der Abzweigung zum Dalmare Shopping Center vorbei, dann rechts Richtung Zablaće und bei der nächster Abzweigung links
Altersempfehlung: Kinder unter 6 Jahre müssen von einem Elternteil oder einem Erwachsenen begleitet werden
Einkehr: Fast Food Splash (Sandwiches, Apfelstrudel, Croissants, Getränke)
Öffnungszeiten: im Sommer 15.6.–15.9. täglich 9–20 Uhr
Preise: Tagesgebühr 70 Kn für Kinder (3 bis < 6), 100 Kn ab 6 Jahre
Informationen: www.solarisbeachresort.de

Am großzügig gestalteten Wasserspielplatz im Solaris Beach Resort ist Spaß angesagt.

brücken sind bei Nässe sehr rutschig, weshalb die Mitnahme von Badeschuhen anzuraten ist. Es gibt keine Kästchen für die Kleidung und Wertgegenstände, sondern nur Wiesenplätze. Da die Liegen bald besetzt sind und wegen der Ausnutzung der Tageskarte, empfiehlt sich eine zeitige Anreise. Die Infrastruktur in der Anlage ist hervorragend. Im Splash Shop werden Badeutensilien und Tiefkühleis offeriert. Man findet einen Minigolfplatz, den Solaris Express Zug und weitere WASSERRUTSCHEN bei einem PIRATENSCHIFF am Meer, sodass die Zeit sehr schnell vergeht.

55 Am Kamenjak über dem Vraner See

Der schönste Blick über der Adria und eine ungewöhnliche Kapelle

Im Jahre 2006 wurde am Kamenjak ein Aussichtspunkt über dem Vraner See mit botanischem Lehrpfad, Rastbänken und Naturpark-Haus ausgestattet. Ohne Übertreibung kann man vom Kamenjak eines der schönsten Adriapanoramen auf den See und die Kornatiinseln genießen.

Rastplätze mit herrlichem Ausblick

Der mit 30 Quadratkilometer größte kroatische See wurde 1999 wegen seines Fischreichtums und seiner Bedeutung als Zwischenstation für Zugvögel zum Naturpark erklärt. Vorbei an den letzten Stationen des Kreuzweges gelangen wir in Kürze zum Aussichtsplateau. Zweisprachige INFOTAFELN widmen sich dem Prosika Kanal, den Befestigungen der Seehalbinsel Babin školj sowie dem islamischen Gasthaus Maškovića Han

Ausgangs-/ Endpunkt: Parkplatz am Ende der asphaltierten Straße
Anfahrt: Autobahn A 1, Ausfahrt Benkovac, links nach Stankovci, dort rechts nach Banjevci und bei der Kirche in der Kurve rechts, dem Schild Richtung Park prirode Vransko Jezero folgen
Weglänge: 1 km
Gehzeit: 30–45 Min.
Ausrüstung: Sportschuhe, Sonnenschutz, Proviant
Tourencharakter: Geschotterte Wege, Lehrpfad teilweise über verkarstete Felsen
Einkehr: Selbstversorgung; Sonik Market in Stankovci Richtung Šibenik
Preise: 20 Kn für Erwachsene, 10 Kn für Kinder (7–18 Jahre), 45 Kn Familienticket
Informationen: Park prirode Vransko Jezero, Kralja Petra Svacica 2, 23510 Biograd n/m, www.pp-vransko-jezero.hr (kroatisch), Tel. +385/23/38 31 81

Am zweiten Panorama-Teleskop liegen dem Besucher Vraner See und Kornati-Inseln zu Füßen.

in Vrana und der Burg Vrana. Vor zwei Steinhäuschen mit dem Info-Center befinden sich ein Ziehbrunnen und ein Orientierungsplan. Ein Schild weist zum 50 Meter entfernten, frei benützbaren **Panorama-Teleskop** mit Blick auf die Ostseite des Sees mit Babin školj. Den besten AUSBLICK bietet jedoch der Platz beim **zweiten Teleskop**, das sich am Ende des 200 Meter langen BOTANISCHEN LEHRPFADES befindet. Entlang von 10 Stationen werden typische mediterrane Pflanzen wie Steineiche, Rosmarin oder Currykraut beschrieben. Allein schon der schöne, aber steinige Weg durch die Karstlandschaft, der vom zentralen Platz in westliche Richtung führt, verdient Beachtung. Aber auch vom südlichen Rand um die Kapelle kann man von Rastplätzen aus die verschieden gefärbten Wasserflächen betrachten. Am Ende sollte man der **Kapelle Svih Svetih** Aufmerksamkeit schenken, denn eine Kapelle über einer 57 Meter tiefen SCHACHTHÖHLE (Jame kamenjarke) ist nicht alltäglich.

56 Im Naturpark Telašćica

Tour zum Salzsee Mir und zu den Klippen von Dugi Otok

Der im Jahre 1980 gegründete Naturpark Telašćica umfasst den Salzsee Mir und die Klippen von Dugi Otok, die am Grbašćak eine Höhe von 161 Metern erreichen und im Meer bis auf 85 Meter Tiefe abfallen. Unter Wasser befinden sich Standorte der gefährdeten Roten Koralle.

Vom Parkplatz wandern wir auf breiter Makadamstraße kurz bergauf und gelangen – begleitet vom lauten Gekreische der Zikaden – auf gepflastertem Weg hinunter zur Meeresbucht Tripuljak. Nach etwa 25 Minuten durchschreiten wir ein Zaungatter. An der Abzäunung finden wir kuriose Hinweistafeln auf einen Esel, der bei Hitze gerne beißt. Nun, beim Rückweg stand er am Wegesrand, wirkte aber gar nicht wie ein Eselmonster. Am Ende der Meeresbucht treffen wir auf die Anlegestelle der Ausflugsboote und auf das Restaurant Mir mit WC-Anlage. 200 Meter über einen kleinen Hügelrücken trennen uns noch vom **Salzsee Mir**, den wir nach insgesamt etwa einer

Ausgangs-/ Endpunkt: Parkplatz vor dem Salzsee Mir
Anfahrt: Über Jadrolinija-Autofähre Zadar–Bribinj (am besten SA Abfahrt Zadar 8 Uhr, Rückfahrt 18 Uhr, Änderungen vorbehalten), in Bribinj links Richtung Sali bzw. Wegweisern Richtung Park Prirode Telašćica und Salzsee folgen
Weglänge: 8,5 km inkl. Klippen, Variante Sandbucht Loišće zusätzlich 2,5 km
Höhenmeter: 60 m, Variante zusätzlich 40 m
Gehzeit: 2,25 Std. inkl. Klippen, Variante zusätzlich 30 Min.
Ausrüstung: Sportschuhe oder Trekking-Sandalen, Sonnenschutz, Proviant, eventuell Badeschuhe, für Variante ab See Ende festes Schuhwerk
Tourencharakter: Gute, teilweise befestigte Wege, bis See für Kinderwagen geeignet, Variante: steiniger Steig mit teilweise verkarstetem Gestein
Einkehr: Restaurant Mir: kalte Getränke, Selbstversorgung angeraten
Preise: Autofähre Zadar–Bribinj: 176 Kn für Autos < 2 m Höhe / 5 m Länge, 30 Kn Erwachsene, 15 Kn Kinder 3-12 Jahre (Barzahlung an der Zahlstelle); Eintritt in den Naturpark Telašćica: 25 Kn pro Person
Informationen: Fahrplan Jadrolinija sh. www.jadrolinija.hr; Naturpark Telašćica, Sali IV 2, 23281 Sali, www.pp-telascica.hr, Tel. +385/23/377-096

Kunstvoll aufgeschlichtete Steinpyramiden an der südöstlichen Einsattelung zwischen Mir-See und Meer

dreiviertel Stunde erreichen. Der in einer Karstmulde gelegene, bis zu acht Meter tiefe SEE wird im Sommer BIS ZU 33°C WARM. Der Salzgehalt ist wegen der Verdunstung zumeist höher als im angrenzenden Meer. Wir wählen nun den Erd- und Schotterweg entlang des nördlichen Ufers und suchen uns einen schattigen Rastplatz am See. Danach setzen wir unseren Weg fort, gelangen kurz über grobsteinigen Schotter und darauf auf eine verkarstete Einsattelung knapp oberhalb des Sees mit kunstvoll errichteten STEINMÄNNCHEN. Eine gute Gelegenheit, das Geschick unserer jungen Baumeister auf die Probe zu stellen. Für den Rückweg wählt man den guten südseitigen Uferweg am Salzsee. Knapp vor dem Restaurant Mir sollte man unbedingt noch einen Abstecher zu den KLIPPEN

Ein ausgeschilderter Weg leitet vom Restaurant Mir hinauf zum Aussichtspunkt über die Klippen von Dugi Otok.

un- ternehmen, die sich nachmittags im besten Licht zeigen. Der ausgeschilderte Weg führt im schattigen Kiefernwald bequem nach 140 Metern über Betonplatten zu den Felsabbrüchen. Den besten Ausblick hat man von der rechts oberhalb liegenden FELSKANZEL. Man kann den Weg auch auf der linken Klippenseite fortsetzen, welcher wieder abwärts zum Beginn des Salzsees führt. Der restliche Rückweg ist identisch mit dem Zustieg zum Salzsee.

FORT GRBAŠĆAK

Nahe dem Parkplatz lohnt ein Abstecher über die Zufahrtsstraße (Hinweistafel Viewpoint and Exhibition) zum FORT GRBAŠĆAK (150 m). Unweit des historischen Forts aus der Zeit der österreichisch-ungarischen Monarchie liegen zwei BEEINDRUCKENDE AUSSICHTSKANZELN mit Blick auf die Klippen von Telašćica.

Variante Sandbucht Loišće

Wenn man kleine Zeitreserven zur Verfügung hat und man einen Sandstrand dem Felsstrand am Mirsee vorzieht, kann man von der verkarsteten Einsattelung am See-Ende entlang der Südostseite auf einem anfangs geschotterten Steig, später auch teils über scharfkantige Karstfelsen zum NATURSANDSTRAND der schmalen Loišćebucht gelangen. Der zusätzliche Zeitaufwand dafür beträgt eine halbe bis dreiviertel Stunde. Mit größeren Zeitreserven lohnt es sich auch auf die andere Seite der langen Insel nach Soline zu fahren. Der TRAUMSTRAND SAKARUN gilt völlig zu Recht als einer der schönsten Natursandstrände Kroatiens. Der Parkplatz ist gebührenpflichtig (30 Kn Tagesgebühr).

Leichtgewichtige können sich auch erlauben, manche Bäume zu erklettern.

Schlechtwettertipps

57 Shopping Center Supernova Zadar

Hier werden auf 37 770 Quadratmetern über zwei Etagen Service-Dienste und 78 Läden sowie über 1200 Gratis-Parkplätze geboten. Lebensmittel findet man im Spar-Supermarkt. Von Kleidung über Schuhe bis hin zu Schmuck, Sportgeschäften und Cafés findet man alle möglichen Shops vor. Für Kinder (3–8 Jahre) steht ein kostenloses, von Personal überwachtes Kinderspielzimmer zur Verfügung. Täglich geöffnet von 9–21 Uhr. Ulica akcije Maslenica 1, Zadar, www.supernova.hr/zadar/en/

Muränen wirken meist nicht gerade vertrauenerweckend.

58 Aquarium Vodice

Die klimatisierten Räume beherbergen auf drei Etagen verschiedene Exponate. Im Erdgeschoss kommen wir zu den 17 AQUARIEN mit üblichen Fischarten der Adria wie Muränen, Keulenrochen, Katzen- und Glatthaie, Drachenkopf und Hummer. Im ersten Stock befinden sich Vasen und Amphoren, die im Meer in historischen Schiffswracks gefunden wurden, und die Ausstellung im zweiten Stock ist Muscheln, Schnecken, SCHIFFSMODELLEN und einer alten TAUCHERAUSRÜSTUNG gewidmet. Obala Matice hrvatske 123, Vodice (am alten Fischerhafen neben Konoba Cesarica), www.aquarium-vodice.com

WEITERE TIPPS

53 **Falkenzentrum Sokolarski Centar**

Ein riesiges Schiffsmodell kann man im Aquarium Vodice besichtigen.

59 Shopping Center Dalmare Sibenik

Das größte Einkaufszentrum in Norddalmatien bietet über drei Etagen Geschäfte auf ca. 50 000 Quadratmetern, u.a. mit großem McDonalds. Im zweiten Stock gibt es für Kids ein von Personal überwachtes SPIELZIMMER.
Ulica Velimira Škorpika 23, 22 000 Šibenik, Öffnungszeiten siehe www.dalmare.hr

Was Sie trotz Kindern gesehen haben müssen

60 Meeresorgeln und Sonnengrüße von Zadar

Die beiden Schöpfungen des Architekten Nikola Bašić an der Uferpromenade Obala Kralja Petra Kresimira IV im Nordwesten der Altstadt sind zu einem touristischen Fixpunkt in Zadar geworden. Die wundersamen KLÄNGE DER MEERESORGEL entstehen in Abhängigkeit des Wellenganges, wenn Luft in 35 unter Steinstufen verborgene Orgelpfeifen gepresst wird. Nur einige Schritte weiter befindet sich der Gruß an die Sonne. Innerhalb eines 22 Meter großen Kreises liegen etwa 300 BEGEHBARE GLASPLATTEN, die das Himmelslicht einfangen und in der späteren Dämmerung BUNTE LICHTSPIELE produzieren.

Die Altstadt von Zadar überrascht mit versteckten, stimmungsvollen Winkeln. Hier das römische Forum, St. Donat und der Glockenturm von Sv. Stošije

In Erwartung bunter Lichtspiele versammeln sich Touristen nach Sonnenuntergang beim »Gruß an die Sonne« in Zadar.

61 Altstadt von Šibenik mit UNESCO-Weltkulturerbe

Die gestaffelten Altstadthäuser am Hang verleihen der Stadt eine unverwechselbare Silhouette. Mit der KATHEDRALE ST. JAKOB verfügt Šibenik über ein Wahrzeichen mit UNESCO-Kulturerbe-Status, das als bedeutendster sakraler Steinbau der dalmatinischen gotischen Frührenaissance gilt. Das sehenswerte BRUNNENMUSEUM Bunari und das KASTELL SV. MIHOVIL auf dem 70 Meter hohen Felsrücken sind weitere Highlights. Die Renovierungsarbeiten konnten 2014 beendet werden.

WEITERE TIPPS

Schlechtwettertipps:

- **Einkaufen im Shopping Center Supernova Zadar**
- **Einkaufen im Shopping Center Dalmare in Šibenik**

Register

Impressum

Verantwortlich: Sabine Klingan
Redaktion: Christian Schneider
Umschlaggestaltung: Karin Vollmer
Layout: Eva-Maria Klaffenböck
Repro: Cromika, Verona
Kartografie: Heidi Schmalfuß
Herstellung: Barbara Uhlig, Miriam Tönnes
Printed in Italy by Printer Trento

★★★★★

Sind Sie mit diesem Titel zufrieden? Dann würden wir uns über Ihre Weiterempfehlung freuen.
Erzählen Sie es im Freundeskreis, berichten Sie Ihrem Buchhändler, oder bewerten Sie bei Onlinekauf.
Und wenn Sie Kritik, Korrekturen, Aktualisierungen haben, freuen wir uns über Ihre Nachricht an den Bruckmann Verlag, Postfach 40 02 09, D-80702 München oder per E-Mail an lektorat@verlagshaus.de.

Unser komplettes Programm finden Sie unter www.bruckmann.de

Alle Angaben dieses Werkes wurden vom Autor sorgfältig recherchiert und auf den neuesten Stand gebracht sowie vom Verlag geprüft. Für die Richtigkeit der Angaben kann jedoch keine Haftung überommen werden.
Sollten Sie, verehrte Leser, Abweichungen zu den beschriebenen Urlaubsempfehlungen feststellen, so teilen Sie mir bitte Ihre neuen Erkenntnisse unter adelmann1963@gmail.com mit.

Autorenempfehlung
Sie sind auf der Suche nach weiterführender Literatur? Dann empfehle ich Ihnen den Titel »Kroatische Adriaküste – Zeit für das Beste«. Oder Sie werfen einen Blick in die Zeitschrift »Bergsteiger«. Hier werden Sie bestimmt fündig. Ihr Andreas Adelmann

Bildnachweis: Alle Bilder stammen von Andreas Adelmann mit folgenden Ausnahmen: S. 74 (Agroturizam Sterle).

Umschlagvorderseite: Großes Bild: Im Glavani Park (Tour 12); kleine Bilder von links nach rechts: Kletterspaß für den Nachwuchs, an den Krka-Wasserfällen (Tour 52), an Bord des Ausflugsschiffes Tajama (Tour 23)
Umschlagrückseite: Am Kap Kamenjak gibt es tolle Fels- und Kiesstrände.
Seite 1: Blick von der Festung Sv. Mihovil auf die Altstadt von Šibenik

Die Deutsche Nationalbibliothek verzeichnet diese Publikation in der Deutschen Nationalbibliografie; detaillierte bibliografische Daten sind im Internet über http://dnb.d-nb.de abrufbar.

Aktualisierte Neuauflage

ISBN 978-3-7654-6943-5